개혁주의 전가 교리

그리스도의 완전한 순종과 십자가 죽음의 공로가 어떻게 신자의 것이 되는가?

개혁주의 전가 교리

신호섭 지음

The Reformed Doctrine of Imputation

지평서원

Contents

::: 추천의 글 Ⅰ, Ⅱ • 6
::: 2쇄에 부치는 감사의 글 • 12
::: 지은이 머리말 • 14

들어가는 말 • 21

1부 전가 교리와 그리스도의 순종
1장 전가와 그리스도의 순종의 정의 • 37
2장 전가 교리의 위치 • 47

2부 전가 교리의 역사적 발전
1장 대표적 종교개혁자: 청교도의 선구자 • 59
2장 대표적 청교도들 • 81
3장 후기 개혁주의 전통 • 121

3부 역사적 반론들과 비평
1장 로마 가톨릭주의 • 139
2장 알미니안주의 • 145
3장 소시니안주의 • 151
4장 율법폐기론주의, 신율법주의, 그리고 고-칼빈주의 • 157

4부 신학적 발전과 그리스도인의 삶
    1장 전가의 원인과 필요성 •173
    2장 전가의 본질적 내용 •179
    3장 전가의 결과 •185
    4장 전가의 방법 •191
    5장 그리스도와의 연합과 구속 언약 •197
    6장 전가의 성취와 적용 •205
    7장 전가 교리와 그리스도인의 삶 •213

  나가는 말 •227

:: 지은이 꼬리말 •236
:: 참고 문헌 •238
:: 인명 색인 •250

추천의 글 I

"교회는 진정한 복음에서 멀리 떠나 항상 율법주의와 율법폐기론이라는 오류에 빠질 위험을 안고 있다. 그러하기에 전가 교리에 대한 성경적 이해를 올바르게 지키는 것은 '오직 그리스도'라는 견고한 토대 위에 서기 위해 치명적으로 중대한 일이다. 전가 교리에 대한 개혁주의 신학자들과 청교도의 저작들을 두루 섭렵한 저자의 작품은 오늘날 교회가 직면하고 있는 칭의 교리에 대한 여러 논쟁들 가운데 밝은 빛을 비추어 준다."

_조엘 비키(Joel Beeke, 미국 퓨리턴 리폼드 신학대학원 학장)

"저자는 그리스도의 능동적 순종이라는 주제에 대한 주요 청교도들과 개혁주의자들의 견해를 역사적으로 주해하는 방식으로 훌륭하게 풀어낸다. 저자는, 만일 청교도들이 살아 있다면 바울신학의 새관점과 같은 칭의의 새로운 이해가 여러 국면에서 성경적이지 못하다고 비판했을 것이라 지적한다. 또한 율법폐기론뿐만 아니라 그리스도의 완전한 구속에 무언가를 더하려는 신율법주의도 올바르게 배격한다. 종교개혁의 유산인 칭의 교리를 사랑하는 모든 독자들에게 이 책을 기쁘게 추천하는 바이다."

_싱클레어 퍼거슨(Sinclair B. Ferguson, 미국 리디머 신학교 조직신학 교수)

"그리스도의 능동적 순종은 오늘날 뜨거운 쟁점 가운데 하나이다. 그러나 개혁주의 진영 내에 있는 사람들 중에도 능동적 순종의 성경적 근거를 명확히 알지 못하는 이들이 있다. 그러므로 우리는 본 주제에 대한 청교도 개혁주의의 입장을 명쾌하게 제시하는 입문서를 저술한 저자에게 빚을 진 셈이다. 이 책이 더 많은 독자들에게 널리 읽히기를 간절히 바란다."

_필립 입슨(Philip Eveson, 전 영국 런던 신학교 학장이자 Red Sea Mission 의장)

"그리스도의 능동적 순종의 전가 교리는 오늘날 개혁주의 교회 안에서 새로운 관심을 받고 있다. 따라서 전가 교리에 대한 성경적 근거와 신학적 중요성을 이해하도록 도와주는 청교도들과 개혁주의자들을 우리에게 소개하고, 우리의 주의를 집중시키는 이 책은 매우 유익하다. 이 책을 집어 들고 읽으라. 그리고 개혁주의 신학의 유산에 나타난 그리스도의 능동적 순종의 전가 교리의 탁월성뿐만 아니라 그것이 그리스도인의 사고와 생활에 미치는 중요성까지 마음껏 음미하라."

_가이 워터스(Guy P. Waters, 미국 리폼드 신학대학원 신약학 교수)

추천의 글 Ⅱ

"죄인이 의롭다고 인정받는 일은 오직 그리스도를 믿음으로 말미암는다는 칭의 교리를 선포한 종교개혁 신학의 교훈의 핵심은 '전가' 교리와 분리하여 생각할 수 없다. '전가' 교리는 그리스도의 고난과 율법의 순종에 의하여 죄책을 사면받고 영생을 선물 받도록 그리스도의 의를 덧입는 은혜의 사역을 선포한다. '전가' 교리는 로마 가톨릭의 '주입' 교리를 철저히 부정함으로써, 죄인에게 어떠한 의의 근거나 공로의 여지를 남겨 두지 않는다. 만일 그렇지 않다면, 죄인이 의롭게 되는 일은 은혜가 아니라 행위의 삯이 되며, 이것은 성경의 가르침을 정면으로 거스르기 때문이다. '전가' 교리는 비단 대리 속죄의 은혜만을 말하는 것이 아니며, 그리스도의 의의 전가를 가르친다. 전가된 그리스도의 의만이, 죄인이 더 이상 죄인이 아니라 의로운 자이며 하나님의 자녀라는 법적 지위를 인정받는 형상적 원인이 되기 때문이다. 이런 '칭의'의 법정적 선언이야말로 종교개혁 신학의 핵심이며, 그것은 바로 '전가' 교리를 기반으로 한다. 또한 '칭의'와 '성화', 또는 넓은 의미에서의 '중생의 삶'은 결코 분리될 수 없는, 동일한 한 성령의 이중적 은총이기 때문에, '칭의'의 기반이 되는 '전가' 교리는 반(反)율법주의의 신앙 양태를 결코 용인하지 않는다. 만일 누군가가 율법폐기론 또는 반율법주의라는 부정적 염려로 인하여 '전가' 교리를 부정한다면, 그는 하나님의 은혜의 구원 사역을 종합적으로 균형 있게 이해하지 못한 무지에서 비롯된 교리적 왜곡에 빠져 있는 것이다. 그러므로 이러한 '전가' 교리에 대한 이해를 개혁 신학의 전통 안에서 확인하고 확장하는 일은 더없이 귀한 일이 아닐 수 없다.

따라서 종교개혁 500주년을 앞두고 있는 이때에, 특별히 한국 교회의 복음적 신앙이 얼룩져 있는 이때에, 신앙 개혁을 위한 절실한 필요를 채우는 데 이 책이 커다란 도움이 될 것이다. 전가 교리에 대한 개괄적 이해를 개혁 신학의 역사적 유산을 통해 소개하는 이 책은, 건전하고도 튼실한 설명으로 목적을 훌륭하게 이루고 있다. 독자는 이 책을 통해, 왜 오직 그리스도뿐인지, 왜 믿음으로만 의롭게 되는지, 그리고 왜 전가 교리에도 불구하고 성화의 열매가 칭의의 증거가 되는지에 대해 더욱 선명히 이해하게 될 것이다. 그러하기에 기쁜 마음으로 이 책을 읽기를 권한다."

_김병훈 교수(합동신학대학원대학교 조직신학)

"16세기 종교개혁의 핵심 쟁점이었던 칭의론이 오늘날 새로운 화두로 부상하였다. 칭의론에 대한 새로운 관점은 지난 500년간 개혁 교회를 지탱해 온 신앙의 근간을 뒤흔들고, 그 신학적인 체계를 해체해 버리는 강력한 위협이 되고 있다. 이런 도전에 직면해 종교개혁의 진귀한 유산인 칭의론을 올바르게 이해하고 변증하여 잘 전수해야 할 시급한 과제가 우리 앞에 놓여 있다. 이런 시점에 전통적인 전가 교리를 체계적으로 잘 설명해 주는 책이 출간되었다는 사실에 환영과 감사의 박수를 보낸다. 딱딱하고 진부할 수 있는 교리를 누구나 쉽게 이해하고 소화할 수 있도록 전달했다는 점에서 이 책의 가치가 더 돋보인다."

_박영돈 교수(고려신학대학원 교의학)

"정통 기독교라는 집을 떠받치는 삼대 교리로 삼위일체론과 기독론, 이신칭의 교리를 말하곤 한다. 이 세 가지 중 이신칭의 교리는 우리의 구원의 길을 적시하는 중요한 교리이기에, 루터파에서는 '교회의 넘어지고 일어섬을 결정하는 근본적인 조항'이라는 강력한 수식어를 부여해 왔다. 칼빈과 청교도들 역시 이신칭의 교리를 확고부동하게 견지하고, 바르게 해명하며 반론들을 논박하는 일에 신학적인 열정을 다해 왔다. 그러나 어느 시대든 이신칭의 교리는 수없이 논쟁의 대상이 되었고, 최근에는 바울에 대한 새로운 관점(샌더스, 던)과 신선한 관점(토마스 라이트)을 주장하는 이들에 의해 집중 공격의 대상이 되고 있다. 이러한 시점에 이 책이 출간된 것은 매우 시의 적절한 일이다. 이 책이 바른 칭의 신앙을 정립하는 데 기여하리라 믿어 의심치 않는다. 이 책은 청교도 개혁주의 칭의론의 핵심인 전가 교리를 다루되, 그 핵심인 그리스도의 능동적 순종에 근거한 전가 교리에 대한 해명을 담고 있다. 10년 전 싱클레어 퍼거슨의 지도 아래 쓴 신학 석사 논문을 번역하여 소개한 것이기 때문에, 전가 교리와 그리스도의 능동적 순종 교리에 대한 학술적인 논의들이 잘 정리되어 있어서 안심하고 읽을 수 있는 교본이 아닌가 생각된다. 더욱이 그동안 청교도나 청교도적인 작가들의 작품을 우리말로 번역하여 소개하는 일에 헌신해 온 저자의 저술이 이렇게 소개되는 것을 기쁘게 생각하며 환영한다. 물론 이 책은 칭의론에 대한 세밀하고도 정치한 논의들을 담고 있으므로, 독자들이 집중하여 읽어야 할 필요성이 있다. 그러나 반나절 정도 집중하여 이 책을 읽는다면, 사도 바울과 그 뒤를 따랐던 종교개혁자들, 그리고 청교도들이 말한 칭의론의 핵심을 확인할 수 있을 것이며, 나아가 존 그레샴 메이첸의 고백처럼 전가 교리의 핵심인 그리스도의 능동적 순종에 대하여 감사하는 마음이 샘솟게 될 것이다. 청교도 개혁주의에 관심 있는 독자라면 이 책을 정독하기를 바란다."

_이상웅 교수(총신대학교신학대학원 조직신학)

"이 책은 저자의 석사 학위 논문을 보완하여 출간한 전가 교리 해설서이다. 이 책에서 저자는 죄의 사면뿐만 아니라 의의 전가도 전적으로 그리스도 예수의 순종에 기초하고 있으며, 우리의 순종은 의의 원인이 아니라 하나님을 기쁘시게 하는 성도의 도리라고 주장한다. 그리고 의의 전가 교리가 종교개혁자들의 신학적인 입장이며, 이후 영국의 청교도와 대륙의 개혁파 인물들에 의해 계승되어 왔다는 역사적인 논증으로 주장의 정당성을 확보한다. 이 책은 학술적인 객관성과 대중적인 설명을 적절히 배합하여 알찬 가독성을 갖추었다. 그리고 논지의 결정적인 길목에 유력한 인물들의 생생한 증언을 투입하는 저자의 감각도 적당히 번뜩인다. 교리적, 지적 갈증을 해소해 줄 뿐만 아니라 삶에서의 실천까지 촉구한다는 것도 이 책이 가진 또 하나의 장점이다. 이처럼 그리스도 예수의 수동적 순종과 능동적 순종 개념에 기초한 의의 전가 교리를 소개하는 우리나라 신학자의 좋은 연구서 출간을 진심으로 축하하고 환영한다."

_한병수 교수(아세아연합신학대학교 조직신학)

2쇄에 부치는 감사의 글

 지금부터 4년 전 출간된 『개혁주의 전가 교리』 초판은 많은 독자들에게 넘치는 사랑을 받았습니다. 이 책을 계기로 만나게 되어 지금까지 그 어떤 친구들보다 가까이, 진리 안에서 교제하는 사람들이 있습니다. 이들은 하나님 나라의 확장과 복음의 진전과 청교도 개혁주의 신학의 증진을 위해 자신의 물질을 아낌없이 나누었습니다. 그것이 이 책이 소망하는 목적 가운데 하나였고, 하나님은 그런 방식으로 이 책을 사용하셨습니다.

 개혁주의 전가 교리는 칭의 교리의 핵심이며, 성경 전체를 아우르는 언약 사상의 이해에서도 중요한 교리입니다. 동시에 행위 언약과 은혜 언약, 그리고 이 언약 배후에 역사하는 구속 언약에 대한 이해는 전가 교리뿐만 아니라 참된 성경의 해석에서도 치명적으로 중요한 요소입니다. 말하자면, 전가 교리와 언약 교리는 긴밀하게 연결되어 있습니다. 따라서 행위 언약과 은혜 언약을 제대로 이해하는 것은 무척이나 중요합니다. 17세기의 신학자 빌헬무스 아 브라켈(Wilhelmus à Brakel)이 『그리스도인의 합당한 예배』(The Christian's Reasonable Service, 지평서원 역간)에서 잘 말한 것처럼, "행위 언약을 부인하거나 오해하는 이들은, 그리스도가 자신의 능동적 순종으로 말미암아 택자들을 위해 영생의 권리를 얻어내셨다는 사실을 서슴없이 거부"할 것이기 때문입니다.

오직 성경에서 발견되는 오직 은혜로 말미암아 오직 믿음을 통해 오직 그리스도를 영접하여 오직 하나님께만 영광을 돌리려는 진실한 그리스도인은 개혁주의 전가 교리를 온 맘으로 환영하겠지만, 그리스도의 완전한 구속의 공로를 자신의 의로운 행위라는 도덕주의와 맞바꾸려는 사람은 그리스도의 완전한 순종의 전가 교리를 부정할 것입니다. 그러나 그런 도덕주의는 청교도들이 잘 말한 것처럼, 그저 더러운 누더기 조각에 불과할 것입니다(사 64:6 참고).

부디 『개혁주의 전가 교리』를 통해, 사나 죽으나 우리의 유일한 위로가 되시는 오직 그리스도의 완전한 순종만을 의지하며, 사는 날 동안 하나님 나라와 주님의 몸 된 교회와 성도들과 이웃을 위해 온전히 하나님의 말씀에 순종하면서 살아가는 그리스도인들이 더 많아지기를 소원합니다.

끝으로, 출판 경기가 매우 어려운데도 귀한 책을 다시금 출간해 주신 지평서원에도 감사의 말씀을 드립니다.

_올곧은교회 목양실에서
신호섭 목사

지은이 머리말

그리스도인의 삶에서 순종만큼 중요한 것은 없다고 해도 과언이 아닐 것입니다. 이른바 천만 그리스도인 시대를 살고 있다는 오늘날은 더욱 그러합니다. 천만의 그리스도인이 모두 그리스도의 순종을 본받아 하나님의 말씀에 철저히 순종하는 삶을 살아간다면, 경건의 모양은 있으나 그 능력은 부인하는 명목적 그리스도인들의 증가 추세가 현저히 꺾일 것이며, 한국 교회는 다시금 황금기를 맞이할 것입니다. 사무엘 선지자는 사울 왕에게 이렇게 선포합니다.

"여호와께서 번제와 다른 제사를 그의 목소리를 청종하는 것을 좋아하심같이 좋아하시겠나이까? 순종이 제사보다 낫고 듣는 것이 숫양의 기름보다 나으니" (삼상 15:22).

우리가 아무리 훌륭한 일을 많이 하고 칭송받을 만한 업적을 남긴다 하더라도, 하나님 앞에서 진실하지 않고 그분의 말씀을 듣고도 순종하지 않는다면, 그 업적들은 모두 모래 위에 쌓은 집처럼 비가 내리고 폭풍우가 몰아칠 때 처참하게 무너지고 말 것입니다. 우리 주님도, 말씀을 듣고 행하는 자는 반석 위에 집을 짓는 자이지만 그 말씀대로 순종하지 않는 자는 모래 위에 집을 지은 어리석은 사람이라고 책망하셨습니다(마 7:23-27 참고).

오늘날 한국 교회는 엄청나게 성장했지만, 교회 안팎에서 사회적으로 비난의 대상이 되고 있습니다. 한국 교회가 이렇게 된 데는 많은 원인이 있습니다. 그중 하나는, 전통적 개혁주의 칭의 교리를 소위 '값싼 은혜'로 만들어 버린 '저급한 믿음'이나 그 결과로 발생한 '율법폐기론주의'(Antinomianism)입니다. 다른 하나는, 그 반대로 새로운 복음적 순종(구원의 은혜에 감격하여 행하는 기쁨의 순종이든 구원을 이루려는 목적의 순종이든)을 구원의 '공로'로 내세우는 율법주의와 신율법주의(Neo-nomianism)입니다. 그리고 최근 들어 기승을 부리는 번영 신학은 개인과 공동체의 성공과 번영만을 믿음의 복으로 여기며 참된 복음에 대한 순종을 오용하고 남용합니다.

사실 이러한 현상들은 모두 개인적으로는 신자가, 공동체적으로는 교회가 하나님의 말씀인 성경이 선포하는 바를 가감하지 않은 채 그대로, 진실하고도 참되게 순종하면서 살지 않은 결과라고 할 수 있습니다. 예수 그리스도는 하나님의 아들이시요 제2위 성자 하나님이시면서도 '받으신 고난으로 순종함을 배우셨으며' 그 결과 '자기에게 순종하는 모든 자에게 영원한 구원의 근원이 되셨습니다'(히 5:8,9 참고).

19세기 남아프리카 선교 협회의 설립자 가운데 한 사람으로 잘 알려진 앤드류 머레이(Andrew Murray)는 그리스도께서 이렇게 순종하며 생활하신 데는 세 가지 목적이 있다고 했습니다. 첫째는 하나의 모범으로서 우리에게 참된 순종이 무엇인지를 보여 주시기 위함이었고, 둘째는 우리의 보증으로서 그분의 순종하심으로 말미암아 우리를 위한 모든 의를 이루시기 위함이었고, 셋째는 우리의 머리로서 우리에게 나누어 줄 참된 순종의 성품을 마련하고자 하심이었습니다.[1] 그러므로 그리스도의 순종은 철저하게 우리 같은 신자를 위한 것입니다. 신자가 하나님 앞에서 의롭다함을 받는 근거 역시 그리스도의 순종에 있습니다. 하나님은 마치 내가 죄를 짓지 않은 것처럼, 그리스도께서 나를 위하여 순종하신 것을 내가 순종한 것처럼 대하여 주십니다. 이와 같이 그리스도의 순종을 우리의 것으로 만들어 주시는 방법이 바로 은혜로운 전가 교리입니다(롬 5:12-21 참고).

이처럼 큰 은혜를 받은 신자가 그리스도의 엄청난 구원의 은혜를 저버리고 배반하여 불순종하는 생활을 하며, 청지기의 정신과 태도로 살지 않고 헛된 쾌락과 자기 영광을 구하면서 삶을 오용하고 남용한다면, 그것은 매우 심각한 일이 아닐 수 없습니다. 그런 삶은 하나님의 진노를 초래할 수밖에 없습니다(막 12:1-8 참고). 그러므로 오늘날 교회와 신자는 그리스도의 순종 앞에 나아와 다시금 배워야 합니다. 우리를 위해 수행하신 그리스도의 완전한 순종이 무엇을 의미하는지를 깨달아야 합니다. 이것이 없이는 우리에게 아무런 희망이 없음을 바라보아야 합니다. 그리스도의 완전하신 의가 우리의 구원과 행위의 유일한 의인 것처럼, 그리스도의 순종을 실천하는 것이야말로 신자의 유일한 소망이 되어야 합니다. 그리스도는 우리의 구원을 위해 사람의 모양으로 나타나 자기를 낮추시고 죽기까지 복종하셨으며, 결국 십자가에서 돌아가심으로써 순종을 완성하셨습니다(빌 2:8 참고). 그러하기에 바울도 우리에게 이러한 그리스도 예수의 마음을 품으라고 명령합니다(빌 2:5 참고).

이 책 『개혁주의 전가 교리』는 16세기 구원론의 핵심인 칭의 교리, 칭의의 핵심인 전가 교리, 그리고 전가의 핵심인 그리스도의 완전한 순종에 관한 역사적

---

[1] Andrew Murray, *The School of Obedience* (Create Space Independent Publishing Platform, 2013), 20.

이고도 교리적인 해설서입니다. 쉽게 말해, 그리스도의 순종과 십자가 죽음의 공로가 어떻게 신자의 것이 되는지를 역사신학의 관점에서 다룹니다. 따라서 이 책은 종교개혁 이전과 종교개혁 시대, 그리고 17세기 영국 청교도들과 이후 대륙의 개혁주의 신학자들이 그리스도의 순종의 전가 교리를 어떻게 다루었는지를 살핍니다. 그러나 이 책이 추구하는 결론은 단 하나입니다. 그것은 바로 우리에게 전가된 그리스도의 완전한 순종만이 우리가 받은 구원의 본질이며, 따라서 우리에게 전가된 그리스도의 순종의 삶을 살아 내야 한다는 것입니다. 성경은 구원에 관한 한 어느 누구도 율법의 행위로 의롭게 될 수 없다고 선포합니다.

"사람이 의롭게 되는 것은 율법의 행위로 말미암음이 아니요 오직 예수 그리스도를 믿음으로 말미암는 줄 알므로 우리도 그리스도 예수를 믿나니 이는 우리가 율법의 행위로써가 아니고 그리스도를 믿음으로써 의롭다함을 얻으려 함이라. 율법의 행위로써는 의롭다함을 얻을 육체가 없느니라"(갈 2:16).

도리어 율법으로는 죄만 깨닫게 될 뿐입니다(롬 3:20 참고). 오직 그리스도의 완전한 순종만이 우리를 의롭게 합니다. 우리가 의로워지는 것은 우리의 율법의 행위나 공로 때문이 아니며, 그리스도의 완전한 순종이 내 것이 되기 때문입니다. 그러나 동시에 그리스도의 의를 전가 받은 신자가 두렵고 떨림으로 구원을 이루어야 한다는 것도 사실입니다(빌 2:12 참고). 비록 우리가 우리 지성의 한계 탓에 이러한 성경의 역설적인 진리를 온전히 이해하지 못한다 할지라도, 우리는 반드시 그것을 고수해야만 합니다. 왜냐하면 하나님의 말씀인 성경이 이 두 가지 진리를 모두 선포하기 때문입니다.

인간이 하나님께 합당한 영광을 돌릴 수 있는 방법은 오직 순종뿐입니다. 그리스도 역시 근본 하나님의 본체시나 하나님과 동등 됨을 취할 것으로 여기지 않으시고 자기를 비워 종의 형체를 가지사 자기를 낮추시고 죽기까지 복종하셨습니다. 제2위 성자 하나님이신 그리스도께서 그렇게 순종하는 삶을 사셨다면, 피조물이요 죄인인 우리는 더욱 순종하는 것이 마땅하지 않겠습니까! 순종과 불순종에는 그야말로 흑백논리가 적용됩니다. 순종하지 않는 것은 곧 불순종하는 삶을 의미합니다. 그렇다면 신자의 순종하는 삶은 바로 불순종을 제거하며 심판과 저주를 제거하는 삶이 될 것입니다. 믿음이 있는 자는 반드시 순종의 삶을 통해 하나님을 기쁘시게 할 것이기 때문입니다.

부디 이 책을 통해 우리의 구원을 위한 그리스도의 완전한 순종에 대한 새로운 관심이 일어나기를 소원하며, 그 결과 한국 교회의 그리스도인들이 모두 그리스도의 능동적 순종을 본받아 하나님의 계명과 그 뜻에 온전히 순종하는 생활에 자신의 모든 삶을 바치게 되기를 기도합니다.

끝으로, 필자의 졸저에 추천의 글을 써 주신 모든 분들께 감사의 마음을 전하며, 또한 기독교 출판계가 일반적으로 어려운 상황인데도 청교도를 향한 사랑으로 이 책을 흔쾌히 출판해 준 도서출판 지평서원과 박명규 대표님에게도 감사를 전합니다.

들어가는 말

최근 종교개혁의 역사적 교리인 '오직 믿음으로 말미암는 칭의 교리'에 대한 관심이 새롭게 달아오르고 있다. 영국 더럼(Durham)의 영향력 있는 주교이자 신약학자인 니콜라스 토마스 라이트(N. T. Wright)와 미국 미니애폴리스(Minneapolis)에 있는 베들레헴 침례교회의 목회자 존 파이퍼(John Piper)의 칭의 논쟁이 대표적인 예이다.[1] 그러나 칭의 교리는 파이퍼와 라이트의 논쟁 훨씬 이전부터 교회사 가운데서 가장 뜨거운 감자로 자리매김해 왔다. 초대 교회에서

---

[1] 라이트와 파이퍼의 칭의 논쟁에 대해서는 다음을 참고하라. John Piper, *The Future of Justification: A Response to N. T. Wright* (Wheaton: Crossway Book, 2007). 라이트는 오랫동안 바울서신을 연구한 끝에 바울 신학에 대해 새롭고도 신선한 관점을 제공한다. 그중 하나가 "어거스틴 시대 이후 교회사 안에서 이루어진 칭의에 대한 논의 가운데 상당 부분이 적어도 바울을 잘못 이해한 데서 시작되었으며, 그곳에 영원히 머무르고 말았다"는 것이다. 만일 이러한 라이트의 주장이 옳다면, 칭의 교리가 왜곡될 뿐만 아니라 신약성경 저자의 본래 의도가 심각하게 훼손되고 말 것이다. 이에 저명한 목회자이자 신학자인 존 파이퍼는 『칭의 논쟁』(부흥과개혁사 역간)을 통해 라이트의 견해가 어떻게 성경적 칭의 교리를 심각하게 훼손하고 있는지를 역사적, 신학적, 주해적 방법으로 비평한다. 이에 대한 라이트의 반론에 대해서는 다음을 참고하라. N. T. Wright, *Justification: God's Plan and Paul's Vision* (IVP, 2009).

는 사도 바울과 율법주의자가 논쟁했으며, 이후 16세기에는 마틴 루터(Martin Luther)와 존 칼빈(John Calvin)이 로마 가톨릭의 공로주의에 대항하여 종교개혁을 일으켰다. 그리고 최근 이러한 논쟁은 역사적 칭의 교리에 도전하는 바울신학의 새관점주의자들에 의해 새롭게 불거졌다. 이 논쟁의 핵심에는 바로 죄인이 의롭다함을 받는 토대와 근거로서의 그리스도의 완전한 순종이라는 의의 전가 교리(doctrine of imputation)가 자리하고 있다. 제임스 패커(James I. Packer)는 청교도 경건에 대한 자신의 저서에서, 칭의의 유일한 공식적 원인(formal cause)이 되는 그리스도의 전가된 의에 대해 상세히 설명한 이후에 다음과 같이 진술한다.

> 비록 『웨스트민스터 신앙고백서』가 칭의 교리에 대해 진술하면서 '공식적 원인'이라는 문구와 그리스도의 능동적, 수동적 순종을 뚜렷이 구분하지 않는다 할지라도, 전가 교리에 대한 『웨스트민스터 신앙고백서』의 이 진술은 그리스도와 죄인의 교환 사상에 관한 한 가장 분명한 변증적 표현이며, 균형 있는 표현이다.2)

역사적으로 보면, 종교개혁자들의 칭의에 관한 이해에서, 그리스도의 삶과 죽음에 나타난 순종의 전가 교리는 하나님께서 죄인을 의롭다고 칭해 주시는 칭의 교리의 중대한 토대가 되어 왔다.3) 16세기 종교개혁자 루터와 칼빈이 이

---

2) J. I. Packer, *A Quest For Godliness: The Puritan Vision of the Christian Life* (Wheaton: Crossway Books, 1990), 153. 이토록 종교개혁의 칭의 교리를 사랑하고 지지해 왔던 제임스 패커가 얼마 전 일련의 복음주의자들과 함께 로마 가톨릭의 칭의 교리에 대한 공동 문서(1999)에 서명하고 그것을 지지한 것은 역사적으로 대단히 모순된 일이라 할 것이다.
3) 대륙의 종교개혁자들과 영국의 종교개혁자들은 모두 죄인의 칭의의 근거가 그리스도의 전가된 의(imputed righteousness)에 있다는 데 동의했다. 그들은 그리스도의 전가된 의의 본질이 그의 삶과 죽음에 나타나는 그리스도의 완전한 순종에 있다고 주장한다. 이 사안에 대한 좀 더 구체적인 논증은 다음을 참고하라. E. M. Plass,

를 주창했고, 그 이후 이것이 개혁주의 신학의 전통이 되어 왔다. 우리는 이러한 개혁주의 전통을 프랑스의 존 칼빈과 테오도르 베자(Theodore Beza), 영국의 토마스 크랜머(Thomas Cranmer), 그리고 휴 라티머(Hugh Latimer)와 윌리엄 에임스(William Ames), 윌리엄 퍼킨스(William Perkins), 존 오웬(John Owen) 등과 같은 청교도 신학자들에게서 발견할 수 있다. 따라서 금세기의 훌륭한 신약학자인 도널드 카슨(D. A. Carson)은 "오늘날 많은 개신교도들에게 전가 교리는 칭의 교리에 관한 정통주의를 판별하는 중대한 시금석이 되어 왔다"라고 올바르게 평가한다.[4]

그러나 몇몇 현대 신학자들은 종교개혁자들의 칭의 교리와 그리스도의 의의 전가 교리에 대한 후기 개혁주의 전통의 이해에 도전했다. 예를 들어, 마틴 로이드-존스(Martyn Lloyd-Jones, 1899-1981)의 후임으로 지난 2002년까지 영국의 웨스트민스터 채플(Westminster Chapel)에서 목회했던 켄달(R. T. Kendall)은

What Luther Says: An Anthology (St. Louis: Concordia Publishing House, 1959), 708-710; John Calvin, *Institutes of the Christian Religion*, ed. John T. McNeill, trans. Ford L. Battles (Philadelphia: Westminster Press, 1960), 3.11.1-3.18.10. 실상 칼빈은 『기독교 강요』에서 몇 장을 할애하여 이 위대한 칭의 교리에 대하여 설명한다. Thomas Cranmer, *Miscellaneous Writings and Letters of Thomas Cranmer*, ed. John Edmund Cox (Vancouver: Regent College Publishing, 1846), 128-149; Hugh Latimer, *Sermons of Hugh Latimer* (The Parker Society: Cambridge University Press, 1844), 330; Hans J. Hillerbrand, *The Protestant Reformation: Documentary History of Western Civilization* (Perennial, 1968); Vanbrugh Livingston, *An Inquiry In to the Merits of the Reformed Doctrine of Imputation as Contrasted with those of Catholic Imputation* (New York, 1843). 리빙스턴은 여기서 초기 영국의 종교개혁자들의 저작을 통해 개혁주의 전가 교리를 설명하고, 가장 탁월한 후기 신학자들의 견해를 서술한다. David C. Steinmetz, *Reformers in the Wings: From Geiler Von Kaysdersbergto Theodore Beza* (Oxford University Press, 2001).

4) D. A. Carson, "The Vindication of Imputation," in *Justification: What's at Stake in the Current Debate*, ed. Mark Husband and Daniel Treier (Leicester: IVP, 2004), 46. 칭의 교리에 관한 개신교 전가 교리에 대한 가장 최근의 변증에 대해서는 다음을 참고하라. John H. Piper, *Counted Righteous in Christ: Should We Abandon the Imputation of Christ's Righteousness?* (Wheaton: Crossway Books, 2002); Thomas C. Oden, *The Justification Reader* (Grand Rapids: Eerdmans, 2002); Mark A. Seifried, *Christ, Our Righteousness: Paul's theology of Justification* (Leicester: Apollos, 2001); James R. White, *The God Who Justifies: The Doctrine of Justification* (Minneapolis: Bethany House, 2001); Philip H. Eveson, *The Great Exchange: Justification by Faith Alone in the Light of Recent Thought* (Surrey: Day One Publication, 1996); R. C. Sproul, *Faith Alone: The Evangelical doctrine of Justification* (Grand Rapids: Baker Book House, 1995).

존 칼빈과 웨스트민스터 종교 회의의 신학자들(Westminster divines) 사이에 중대한 차이점이 있다고 주장한다. 켄달은 청교도들과 같은 후기 개혁주의자들이 칼빈이 아니라 칼빈의 직접적인 제자인 테오도르 베자로부터 추론한 신학을 발전시켰다고 역설한다.[5] 켄달은 칼빈이 제한속죄를 가르치지 않았다고 주장한다. 켄달은 제한속죄가 후기 청교도들의 발명품이라고 본다. 칼빈에 대한 이러한 해석에 대해서는 이미 금세기 영국의 칼빈주의자라고 불리는 폴 헬름(Paul Helm)을 비롯하여 다수의 학자들이 종종 배격하였다.[6]

더 이전인 1990년, 영국의 신학자 알란 클리포드(Alan Clifford)는 존 오웬 같은 후기 개혁주의 인물들이 대륙의 종교개혁자들뿐만 아니라 영국 국교회의 종교개혁자들까지도 잘못 해석했다고 주장하였다. 클리포드는 더욱 논쟁적이며, 이 점과 관련하여 켄달보다 훨씬 더 진보적이다. 클리포드는, 루터와 칼빈 및 영국의 종교개혁자들과 마찬가지로 존 웨슬리(John Wesley) 역시 "칭의의 명백한 개념이 그리스도의 전가된 의가 아니라 사면과 죄의 용서에 있다"라고 가르쳤다고 말한다.[7] 클리포드에 따르면, "칭의가 죄의 사면(forgiveness of sins)을 뛰어넘는 것이라고 주장한 사람들은 다름 아닌 테오도르 베자와 존 오웬이었다"는 것이다.[8] 결국 클리포드는 "오웬 시대의 고-칼빈주의자들이 종교개혁자들로부터 심각하게 이탈했다"고 결론지었다.[9] 클리포드에 따르면, "종교개혁의

---

5) R. T. Kendall, *Calvin and English Calvinism to 1649* (Oxford: Oxford University Press, 1979), 210.
6) 헬름은 켄달이 "그리스도께서 모든 사람을 구원하시기 위해 돌아가셨다"고 믿는 '새로운 칼빈'을 제시한다고 비판한다. 켄달의 관점에서 청교도주의는 그리스도께서 모든 사람을 위해 돌아가셨다고 주장하는 이러한 새로운 칼빈으로부터 벗어난 것이다. 따라서 헬름은 칼빈에 대한 켄달의 이러한 해석이 종교개혁자들을 올바로 이해하지 못한 것일 뿐만 아니라 "오직 믿음으로 말미암는 칭의"의 진정한 본질을 파악하지도 못한 것이라고 결론짓는다. Paul Helm, *Calvin & The Calvinists* (Edinburgh: Banner of Truth Trust, 1982), 10,78을 참고하라.
7) Alan C. Clifford, *Atonement and Justification: English Evangelical Theology 1640-1790-an Evaluation* (Oxford: Oxford University Press, 1990), 189.
8) Ibid., 171.
9) Ibid., 173.

참된 후계자는 베자와 오웬이 아니라 리처드 백스터(Richard Baxter)와 제임스 틸로슨(James Tillotson), 존 웨슬리"이다.[10] 이로 볼 때, 켄달과 마찬가지로 클리포드 역시 "칭의에 대한 칼빈의 해석을 이해하면서 전가와 죄의 사면을 동의어로 제시하는 오류를 범함으로써 새로운 칼빈"을 고안해 냈다.[11] 그러나 칼빈은 절대로 칭의와 죄의 용서를 동의어로 간주하지 않았다.[12]

한편 『칭의 교리의 진수』(The Doctrine of Justification, 지평서원 역간)의 저자 제임스 뷰캐넌(James Buchanan)이 잘 지적했듯이, 사실 존 웨슬리조차도 다음과 같이 그리스도의 전가된 의를 매우 분명하고도 완전하게 노래했다. 이것은 다른 개혁주의 신학자들의 사상과도 일치한다.

> 땅이여 하늘이여 축복을 위해 연합하라.
> 주 여호와 우리 의여,
> 참으로 이는 구속의 신비로다.
> 이것이야말로 구세주의 기묘한 섭리로다.
> 인간의 범죄는 그분의 것으로 간주되고,
> 그분의 신적인 의는 우리의 것으로 간주되네.
> 그 안에서 우리는 흠 없이 빛나고
> 그분의 죽음과 그분의 생명이 우리의, 나의 것이라네.
> 나는 완전히 의롭게 되었다네.
> 죄에서 자유를 얻으니 자유보다 더한 것이로다.

---

10) Ibid., 197. 클리포드는 "16세기를 역사적으로 조망해 볼 때, 사실상 백스터와 틸로슨, 웨슬리가 가르친 많은 부분들이 종교개혁 신학의 회복이자 합법적인 표현으로 간주될 수 있다. 그들의 견해가 전적으로 만족을 주지 못한다면, 칼빈과 그의 동시대 종교개혁자들의 성경 신학에서는 발견되지 않는 오웬의 고-칼빈주의적 정통주의에 대해서도 동일한 불만족이 적용되어야 할 것이다"라고 말한다.
11) Ibid., 171. 비교, Calvin, Institutes, 3:11:4.
12) 이 주제에 대해서는 1부 2장과 3부에서 너욱 상세하게 논하고자 한다.

그분이 나를 위해 돌아가셨으니 나는 무죄한 자로다.
그분이 나를 위해 부활하셨으니 나는 의로운 자로다.[13]

존 웨슬리가 노래한 위의 찬송시는 클리포드의 견해와 그 적법성에 의문을 제기한다. 존 웨슬리의 이러한 시 한 편으로도 클리포드의 그릇된 주장을 간단히 배격할 수 있는 것이다.

그런데 또 다른 강력한 도전이 출현했다. 학자들은 이것을 보통 "바울에 대한 새관점" 또는 "바울신학의 새관점"(NPP: New Perspective on Paul)이라고 부르곤 한다. 이 관점은 앞서 언급했던 켄달이나 클리포드와는 또 다른 종류의 도전을 던진다. 켄달이나 클리포드는 개혁주의의 전가 교리를 일부 인정하고 수용한 반면, 바울신학의 새관점을 옹호하는 자들은 그것을 전적으로 부인하는 경향을 띤다. 바울신학의 새관점주의를 지지하는 가장 영향력 있는 대표자들로는 샌더스(E. P. Sanders), 던(J. D. G. Dunn), 라이트가 있다. 이런 바울신학의 새관점에 대해 다양한 저자들이 비평을 쏟아 내고 있다.[14]

---

13) James Buchanan, *The Doctrine of Justification* (1867; reprint, Edinburgh: The Banner of Truth Trust, 1961), 180에서 인용됨. 웨슬리는 칭의 교리가 율법폐기론을 조장할 수도 있다는 두려움 때문에 그리스도의 전가된 의의 교리를 받아들이기를 주저했던 것처럼 보인다. 그러나 뷰캐넌이 인용한 웨슬리의 시를 보면, 웨슬리가 그리스도의 능동적이며 수동적인 순종에 대해 올바로 인식했다는 것이 매우 명백하게 보인다. 전가된 의에 대한 웨슬리의 견해에 대해서는 다음을 참고하라. John Piper, *Counted righteous in Christ: Should We Abandon the Imputation of Christ's Righteousness?*, 37,38,123,124.

14) 바울신학의 새관점에 대한 가장 최근의 비평에 대해서는 다음을 참고하라. Mark Husband and Daniel Treier, ed. *Justification: What's at stake in the Current Debates* (Leicester: IVP, 2004); Guy Prentiss Waters, *Justification and the New Perspective on Paul: A Review and Response* (Phillipsburg: Presbyterian & Reformed Publishing Company, 2004); D. A. Carson, Peter T. O'Brien, Mark A. Seifrid, *Justification and Variegated Nomism. Vol. 2: The Paradoxes of Paul* (Tubingen: MohrSiebeck; Grand Rapids: Baker Academic, 2004); D. A. Carson, Peter T. O'Brien, Mark A. Seifrid, *Justification and Variegated Nomism. Vol. 1: The Complexities of Second Temple Judaism* (Tubingen: MohrSiebeck; Grand Rapids: Baker Academic, 2001); Peter Stuhlmacher, *Revisiting Paul's Doctrine of Justification: A Challenge to the New Perspective* (Downers Grove: InterVarsity Press, 2001); Mark A. Seifrid, *Justification by Faith: The Origin and Development of a Central Pauline Theme*, Supplements to Novum Testamentum, Vol. 68 (Brill Academic Publishers, 1992).

샌더스나 던, 라이트와 같이 바울신학의 새관점을 옹호하는 사람들이 만장일치로, 그리고 일관되게 개혁주의의 전가 교리를 배격하는 것을 인식하는 것은 매우 흥미로운 일이다. 미국 리폼드 신학대학의 신약신학자인 가이 워터스(Guy Waters)는 바울신학에 대한 이들의 관점을 다음과 같이 간결하게 요약한다.

바울은 해결책으로부터 시작하여 난제를 논하고 있으며, 이것으로부터 인간의 상태에 대해 몇 가지 모순적인 설명을 제공한다(샌더스). 바울은 개인적인 범죄와 구분된 죄책을 생각하지 않는다(던). 아담은 오직 둘째 아담이 성취한 바와 관련된 이스라엘의 실패 이야기의 시작일 뿐이다(라이트). '이 각각의 설명에는, 아담의 죄가 그의 후손에게 전가됨으로써 야기된 심각한 파괴와 그 영향에 대한 명확한 진술이 빠져 있다.' 샌더스나 던, 라이트의 설명은 일반적으로 인간의 상태에 대한 바울의 평가를 하찮게 여기거나 과소평가하고, 바울이 가르친 은혜의 근본적인 성격을 생략해 버린다.[15]

말하자면, 이들이야말로 인간의 원죄와 그 참혹하고도 심각한 결과에 대해 철저하게 비관적인 바울신학을 아예 의도적으로 무시하거나 모른 척한다는 것이다. 더 나아가 가이 워터스는 이들이 죄인을 의롭다 하시는 근거로서의 그리스도의 의를 죄인의 언약적 신실함으로 대치한다고 비평한다. 달리 말하면, 이제 "신자의 행위와 공로적 의" 이외에는 "우리가 하나님 앞에서 의롭다함을 받게 되는 근거"로서 우리에게 남겨진 다른 대안이 없다는 말이다.[16]

---

15) Waters, *Justification and the New Perspectives on Paul: A Review and Response*, 187. 따옴표는 저자의 강조점이다.
16) Ibid., 133.

그러나 불행하게도 전통적인 역사적 전가 교리에 반대하는 사람들은 바울신학의 새관점주의자들만이 아니다. 로버트 건드리(Robert H. Gundry)는 "그리스도의 의가 믿는 죄인에게 전가된다는 교리는 폐기되어야 한다"라고 주장했다.[17] 그리고 최근에 웨일즈 복음주의 신학교의 신약 교수인 토마스 홀랜드(Thomas Holland)는 이 논점을 다시금 부각시켰다.[18] 홀랜드의 견해는 좀 더 복잡하다. 어떤 의미에서 그는 샌더스와 던과 라이트의 견해에 동의하지 않지만, 또 어떤 의미에서는 그들에게 전적으로 동의한다. 이러한 모든 주장들이 오늘날 전통적 전가 교리에 심각하게 맞서는 도전들이다. 이 책의 주된 목적은 바울신학의 새관점주의자들인 샌더스나 던이나 라이트, 그리고 홀랜드의 견해를 분석하고 비평하는 것이 아니다. 그러한 비평에는 책 한 권의 분량을 할애해야 할 것이다. 여기서는 다만 전통적인 종교개혁적 칭의 교리에 대한 동시대적 반론이 어떤 것인지를 소개하는 정도로 만족하고자 한다.

그 밖에도, 개혁주의의 전가 교리는 허구 또는 허상이라고 비난받기도 했다. 그리스도의 의의 전가를 법정적 허구(legal fiction)라고 하는 데는 그럴듯한 이유가 있다. 왜냐하면 죄인을 향한 그리스도의 의의 전가 교리가 하나님의 계명에 대해 율법폐기론적인 태도를 부추길 가능성이 크기 때문이다. 달리 말해, 그리스도의 의가 죄인에게 전가되어 그분의 의가 죄인의 것으로 간주되면, 죄인은 어떤 일을 행하더라도 구원받을 것이기 때문이다. 따라서 로마 가톨릭교회는 전가 교리를 법정적 허구의 교리라고 비난했으며, 청교도 가운데 백스테리

---

17) Robert H. Gundry, "Why I did not endorse 'the Gospel of Jesus Christ: An Evangelical Celebration'…Even though I Was not Asked to" in *Books and Culture* (January/ February: 2001, Vol. 7, No. 1), 9. 건드리는 심지어 "전가 교리는 전혀 성경적이 아니며, 복음의 본질적인 요소도 아니다"라고까지 주장한다. 이런 파격적인 주장은 전가 교리에 대한 파이퍼-건드리의 논쟁을 촉발했듯이, 파이퍼는 칭의 교리의 본질인 그리스도의 의의 전가 교리에 대해 영국 더럼의 주교 니콜라스 토마스 라이트와 계속 논쟁하였다.

18) Thomas Holland, *Contours of Pauline Theology: A Radical New Survey of the Influence on Paul's Biblical Writings* (Ross-shire: Mentor, 2004).

안주의(Baxterianism) 또는 신율법주의(Neo-nomianism)를 양산시킨 장본인이라고 알려진 리처드 백스터도 이를 지지하는 대표적 인물이다.[19]

만일 그리스도의 완전한 순종이 죄인에게로 전가되었다면, 하나님의 율법을 준수할 이유가 무엇이겠는가? 만일 하나님께서 여전히 죄인이 죄인으로 남아 있는데도 그들을 의로운 자로 간주하신다면, 그러한 전가는 단순히 법정적 허구가 아니고 무엇이겠는가? 이처럼 법정적 허구라는 비난과 고소는 복음 자체를 허구로 만들 것이다. 그러나 이 주제에 대해 역사적·신학적 연구 방식을 통해 밝히겠지만, 주류 청교도들과 후기 개혁주의자들은 이러한 로마 가톨릭교회의 비난과 고소에 동의하지 않았으며, 그들의 주장을 성경적으로 훌륭하게 비평하고 배격했다. 오히려 그들은, 참된 복음이 온전하고도 신실하게 설교된다면 언제나 율법폐기론이라는 비난과 고소가 뒤따르기 마련이라고 확신했다. 왜냐하면 참된 복음은 의롭다하심과 구원의 근거를 타락한 죄인이 행하는 율법의 행위가 아니라 오직 그리스도께서 행하신 완전한 순종의 행위 안에서 찾기 때문이다.

역사적 종교개혁의 칭의와 전가 교리에 맞서는 이러한 다양한 도전들 때문에 그리스도의 완전한 순종(perfect obedience of Christ), 특히 그리스도의 능동적 순종(active obedience of Christ)에 대한 연구가 상대적으로 소홀히 여겨졌으며, 그리스도의 수동적 순종(passive obedience of Christ)보다 덜 강조되었다. 그로 인해 현대에 이르러 그리스도의 능동적 순종을 경시하거나 제한하는 경향도 나타났다. 예를 들면, 로버트 건드리는, 성경에 기록된 그리스도의 의의 한 행동이 그리스도의 생애를 통해 나타난 능동적 순종과 그리스도의 십자가 죽음에서 나타난 수동적 순종을 모두 포함하는 총괄적인 행위라는 것을 부정한다.

---

19) Eveson, *The Great Exchange: Justification by Faith Alone in the Light of Recent Thought*, 167, 170-173.

그렇다면 16세기 종교개혁자들과 청교도들 같은 후기 개혁주의 신학자들 사이에는 실제로 근본적인 차이가 있는 것인가? 그렇다면 우리는 그리스도의 능동적 순종의 전가 교리를 가르치지 말아야 하는가? 그리스도의 의의 전가 교리는 과연 법정적 허구인가? 그렇다면 16세기의 종교개혁은 과연 잘못된 것인가? 만일 그렇다면, 우리는 그리스도의 순종의 전가 교리를, 그것이 능동적 순종의 전가이든 수동적 순종의 전가이든 관계없이, 반드시 폐기 처분 해야 할 것이다.

이 책에서는 바로 이러한 질문들에 답하고, 죄인의 칭의 교리에서 가장 본질적인 요소인 그리스도의 능동적 순종과 수동적 순종의 본래적 개념을 종교개혁자들의 신학을 통해 제시할 것이다. 그리고 그 과정에 종교개혁자들과 청교도들, 그리고 후기 개혁주의 신학자들의 글을 가능한 한 많이 소개할 것이다.

1부 전가 교리와 그리스도의 순종

1부에서는 전가의 정의와 전가 교리의 핵심인 그리스도의 완전한 순종을 성경적·신학적으로 정의하고, 구원의 서정(*ordo salutis*)에서 전가 교리가 차지하는 위치와 비중에 대해 고찰한다.

2부 전가 교리의 역사적 발전

2부에서는 종교개혁자들과 청교도 신학자들의 신학을 면밀히 조사함으로써, 그리스도의 순종의 전가 교리가 죄인 개인의 완전한 구원뿐만 아니라 참된 그리스도의 교회의 생존을 위해서도 대단히 필수적인 요소임을 증명한다.

3부 역사적 반론들과 비평

3부에서는 종교개혁자들의 전가 교리와 16,17세기 청교도들 같은 후기 개혁주의자들의 전가 교리 사이에 신학적으로 전혀 차이가 없다는 것을 확증함으로써, 그리스도의 순종의 전가 교리에 대한 현대적 도전들을 비평하고 논박한다. 또한 그 필연적 결과로서, 법정적 허구나 알미니안주의, 율법폐기론주의, 신율법주의, 고-칼빈주의 같은 전가 교리에 대한 오해를 제거한다. 독자들은 청교도들이 한편으로는 개혁주의 전가 교리를 어떻게 발전시켰고, 다른 한편으로는 그 반론들에 어떻게 대처했는지를 보게 될 것이다.

4부 신학적 발전과 그리스도인의 삶

4부에서는 그리스도의 순종의 전가 교리가 어떻게 발전했으며, 그것이 그리스도인의 삶과 어떤 관계가 있는지를 다룬다. 그리스도의 의의 전가 교리는 오직 믿음을 통하여 성령의 역사하심으로 말미암아 중생과 갱신이라는 정황 속에서 발생한다. 전가 교리와 그리스도인의 삶은 떼려야 뗄 수 없는 관계에 있다. 종교개혁의 교리 중 그리스도인의 윤리적 삶과 동떨어진 교리는 하나도 없다.

이 책을 굳이 처음부터 차례대로 읽을 필요는 없다. 전가 교리가 왜 문제가 되는지, 그리고 구원론에서 전가 교리가 어떤 위치를 차지하고 있는지가 궁금한 독자에게는 들어가는 말과 1부가 도움이 될 것이다. 한편 전가 교리와 그리스도인의 삶에 관심이 있는 독자라면 4부를 먼저 읽는 편이 좋을 것이다. 또한 칭의와 전가 교리에 대한 역사적 논쟁에 관심이 있다면 3부를, 이에 대한 종교개혁사들과 주류 청교도들의 견해를 알고 싶다면 2부를 먼저 읽어도 무방하다.

어느 부분을 먼저 읽든지 우리에게 전가된 예수 그리스도의 완전한 순종의 깊이와 넓이의 풍성함을 조금이라도 이해하며 경험한다면, 그 의를 '값싼 은혜'로 전락시키며 육체의 소욕을 위해 그리스도의 의를 남용하거나 오용하는 일은 결코 발생하지 않을 것이다.

1부
전가 교리와 그리스도의 순종

　그리스도의 순종의 전가 교리를 부인하고 부정하는 것은 비단 어제오늘의 일이 아니다. 역사적으로 보면, 그리스도의 순종의 전가 교리를 부인하는 사람들은 항상 존재해 왔다. 카슨은 이 교리에 반대하는 사람들을 다음과 같이 세 부류로 나눈다. 첫 번째 부류는 전가 교리를 구시대의 유물 정도로 생각하는 이들이다. 두 번째 부류는 라이트와 같이 바울신학의 새관점을 지지하는 이들이다. 세 번째 부류는 그리스도의 전가된 의의 확증을 부인하는 로버트 건드리와 같은 이들이다.[1] 더욱이 이들은 그리스도의 능동적 순종의 전가 교리를 매우 체계적으로 부인한다. 약 300년 전인 1727년에 영국 코번트리(Coventry)의 한 침례교회에서 목회했던 존 브린(John Brine) 역시, 그리스도의 능동적 순종에 대한 전가 교리를 부인했던 당대의 경향을 보고 우려를 표현했다. 브린은 당시 상황을 이렇게 기록한다.

　오늘날 어떤 이들은 그리스도의 죽음을 통해 죄의 요구가 만족되었다는

---

1) Carson, *Justification: What's at Stake in the Current Debates*, 46-47.

진리를 인정하면서도 그리스도의 능동적 순종의 전가 교리를 부인한다. 다른 이들은(이런 사람들이 많지 않기를 소망한다) 그리스도의 의가 전가된다는 교리를 진리로 받아들이면서도 그 의의 '실제적'이고도 합당한 '공로'를 부인한다.[2]

존 브린의 지적과 함께 현재 논의하고 있는 이 책의 주제와 관련하여 나의 의도와 관심은, 그리스도의 완전한 순종의 전가 교리, 특별히 '그분의 능동적 순종의 전가 교리'라는 아름다운 진리를 발전시켜 나가는 것이며, 그 완전무결한 본래의 모습을 신학적으로 탐구하는 것이다. 그리고 그 결과 그것을 전가받은 사람이 누리는 지고한 복과 권리를 증언함으로써, 오늘날 이 책을 읽는 그리스도인 독자들이 그리스도의 의와 순종 안에서 안식하는 복이 얼마나 참되고 복된 것인지를 깨닫고 이를 누리게 하는 것이다. 이것은 마치 "우리가 하나님 안에서 안식하기까지 우리에게 참된 안식은 없다"라고 말한 어거스틴(Augustine)의 고백과도 같다. 그리스도의 완전한 순종을 믿음으로 받아들일 때 비로소 참된 안식을 얻을 수 있다. 그리고 그것은 오직 '전가된 의'로만 가능하다.

---

[2] John Brine, *Christ's Active Obedience Imputed to His People* (WestYorks: Christian Bookshops), 8. 존 브린은 1703년에 영국 케터링(Kettering)에서 태어났으며, 존 길(John Gill)의 설교를 듣고 회심하여 목사가 되었다. 그 후 브린은 존 길과 영적으로 깊은 우정을 나누게 되었다. 로마서 4장 6절에 근거한 브린의 이 설교는 1758년 12월 27일에 행해졌으며, 이듬해인 1759년에 출판되었다. 브린은 이 설교를 통해 그리스도의 능동적 순종의 전가라는 소중한 교리를 더할 나위 없이 훌륭하게 묘사했다. 브린은 소시누스(Socinus)가 이 위대한 교리를 부인하는 많은 이들 중 한 사람이라고 지칭하는 것 같다. Ibid., 15ff 참고.

1장
전가와 그리스도의 순종의 정의

    그렇다면 '전가'(imputation)란 무엇인가? '전가'라는 단어는 '여기다(credit to), 돌리다(reckon to), 옮기다(impute to), 간주하다(regard) 또는 어떤 사람이 담당할 것을 다른 사람에게 지우다(ascribe to)'라는 의미를 가진다.[1] 이 단어는 매우 익숙하며, 그 의미가 명백하다. 내가 나의 범죄와 죄책을 내 친구에게 전가한다고 말할 때, 그것은 나의 친구가 실제적으로, 그리고 사실적으로 그 죄를 범했다는 의미가 아니다. 이런 맥락에서 찰스 핫지(Charles Hodge)와 같이 "전가는 그 전가가 발생하는 사람의 내적(inward)이며 주관적(subjective)인 상태를 절대 변화시키지 않는다"라고 말할 수 있다.[2] 그러므로 전가라는 단어는 법정적(forensic)이며 법률적(legal)인 동시에 선언적(declarative)이다.

---

1) 이 논점에 대한 더 상세한 논의는 다음을 참고하라. Benjamin B. Warfield, *The Works of Benjamin B. Warfield* IX, Studies in theology (Grand Rapids: Baker, 1991), 301-303; John Murray, *The Imputation of Adam's Sin* (Grand Rapids: Eerdmans, 1959).
2) Charles Hodge, *Systematic Theology* Vol. III (Grand Rapids: Eerdmans, 1993), 145.

칭의 교리와 관련하여 '전가'의 의미를 설명하는 대표적인 성경 구절은 로마서 4장에 나온다.

"성경이 무엇을 말하느냐? 아브라함이 하나님을 믿으매 그것이 그에게 의로 '여겨진 바' 되었느니라. 일하는 자에게는 그 삯이 은혜로 '여겨지지' 아니하고 보수로 '여겨지거니와' 일을 아니할지라도 경건하지 아니한 자를 의롭다 하시는 이를 믿는 자에게는 그의 믿음을 의로 '여기시나니'"(롬 4:3-5).

아브라함이 의인으로 간주된 것은 그의 행동, 즉 '행위' 때문이 아니라 그의 믿음 때문이었다. 즉, 믿음이 '전가'의 방법 곧 수단이라는 말이다. 그래서 바울은 5절에서 "일을 아니할지라도 경건하지 아니한 자를 의롭다 하시는 이를 믿는 자에게는 그의 믿음을 의로 여기시나니"라고 덧붙인다. 즉, 아브라함이 의인이 된 것은 믿음으로 말미암은 것이지, 자신의 선한 행위나 거룩이나 덕성이나 인격으로 말미암은 것이 아니라는 말이다.

그렇다면 믿음이 어떻게 우리의 의로 여겨지는가? 믿음으로 말미암아 아브라함의 의가 구성된 것은 아브라함이 믿은 그 믿음의 실체가 그의 것으로 간주되었기 때문이다. 이것이 바로 '전가'이다. 그 믿음의 실체가 누구인가? 3절은 "아브라함이 하나님을 믿으매"라고 기록한다. 그렇다면 하나님이 어떻게 우리의 것이 되시는가? 그것은 구속 언약으로 말미암아 죄인이 예수 그리스도를 믿는 순간 죄인의 구주이신 그리스도와 신비하게 연합됨으로써 그리스도의 의가 모두 죄인의 것이 되기 때문이다. 이때 우리에게 전가되는 그리스도의 의의 핵심이 바로 그리스도의 능동적 순종과 수동적 순종이라고 불리는 그리스도의 '완전한 순종'이다.

앞으로 주요 청교도의 작품들을 통해 살펴보겠지만, 그리스도의 능동적 순종이란 그리스도께서 자기 삶을 통해 하나님의 율법과 계명을 완전하게 지키고 준행하신 것을 말한다. 이 문제에 대해 주요 청교도들의 견해를 살펴보기 전에, 그리스도의 능동적 순종과 수동적 순종에 대한 고전적인 표현을 소개하고자 한다. 19세기 미국의 탁월한 신학자이자 유니온 신학교에서 28년 동안 조직신학을 가르쳤던 윌리엄 쉐드(William G. T. Shedd, 1820-1894)는 그리스도의 순종에 대해 다음과 같이 쓴다.

> 그리스도의 수동적 순종은 그분의 속죄적 고난을 의미한다. 이를 통해 그리스도는 공의의 요구를 만족시켰다. 한편 그리스도의 능동적 순종은 삶과 행위의 법칙이 되는 하나님의 계명에 순종하신 것을 의미한다. 그리스도의 순종을 이렇게 구분하는 사람들은, 희생적인 대속자로서 그리스도께서 목적하신 바가 죄인을 율법의 전적인 요구에 적합하게 하는 것이었다고 주장한다. 그러나 율법은 과거의 불순종에 대한 변제(satisfaction)뿐만 아니라 현재의 완전한 순종을 요구한다. 율법은 형벌의 인내를 통해서만 완전히 성취되는 것이 아니다. 율법은 반드시 지켜져야 하며 준행되어야 한다. 그리스도는, 불순종으로 인해 인간에게 임한 형벌을 감당하셨을 뿐만 아니라, 자신을 위하여 율법에 완전히 순종하셨다. 바로 이것이 희생적 대속자가 율법의 계명들과 그 형벌 모두에 대해 행하신 순종이다. 즉, 그분은 율법에 온전히 순종하셨다. 그리스도는 능동적인 순종으로 율법을 준행하셨다. 그리고 수동적 순종으로 형벌을 기꺼이 담당하셨다. 이런 방식으로 대속적 사역이 완성된 것이다.[3]

이와 같이 그리스도의 능동적 순종은 신자의 완전한 의를 구성한다. 다시 말하면, 죄인들은 전가라는 수단을 통하여 그리스도의 능동적 순종으로 말미암

---

3) Shedd, *A History of Christian Doctrine*, vol. 2, 341.

아 의롭게 된다. 웨스트민스터 종교 회의의 회원 가운데 한 사람이었던 윌리엄 브릿지(William Bridge, 1600-1671) 역시 다음과 같이 질문하고 대답함으로써 쉐드와 같은 견해를 피력한다.

> 우리는 다만 그리스도의 수동적 순종만으로 의롭게 되는가? 나는 우리가 그리스도의 수동적 순종만으로 의롭게 되는 것이 아니라고 말하는 바이다. 칭의에는 두 가지 본질적인 부분이 있다. 그것은 이른바 죄의 사면(forgiveness of sins)과 의의 전가(imputation of righteousness)이다. 그리스도의 구속으로 말미암아 죄책이 사라졌고, 그리스도의 능동적 순종으로 말미암아 믿는 사람이 하나님의 면전에서 완전히 의롭게 된다.[4]

따라서 우리가 의롭게 되는 것은 단지 수동적 순종, 즉 죄의 사면만이 아니라 능동적 순종으로도 말미암는다. 이런 측면에서 볼 때, 그리스도의 수동적 순종은 그분의 죽음 및 십자가와 관련된 순종인 한편, 그리스도의 능동적 순종은 삶과 행위의 규칙이 되는 율법에 대한 그분의 완전한 순종을 의미한다.[5] 다시

---

[4] William Bridge, *The Work of William Bridge*, vol. 5 (Ligonier: Soli Deo Gloria, 1981), 378.

[5] 모든 개혁주의 신학자들이 이러한 구별에 동의하는 것은 아니다. 메이첸은 그리스도의 능동적 순종과 수동적 순종이 너무 깊이 묶여 있어서 거의 구별하기 어렵다고 말한다. 다음을 참고하라. John G. Machen, *God Transcendent* (Edinburgh: The Banner of Truth Trust, 1982), 191. 메이첸은 계속해서 이렇게 진술한다. "우리는 과연 어떻게 그리스도의 능동적 순종과 수동적 순종을 구별할 수 있는가? 그리스도가 그의 삶을 통하여 능동적 순종을 성취했고 그의 죽음을 통하여 수동적 순종을 성취했다고 말할 수 있는가? 전혀 그렇지 않다. 그리스도께서 이 땅에서 사시는 동안 모든 순간이 수동적 순종과 관계되었다. 그분이 사람으로서 사시는 것 자체가 수치였고 비하였다. 그렇지 아니한가? 그것은 모두 고난이었다. 그것은 모두 죄의 형벌에 대한 변제의 일부였다. 또 다른 한편으로, 우리는 그의 죽음이 그리스도의 능동적 순종의 왕관이라고 말할 수도 없다. 그것은 그리스도께서 구원하러 오신 자들에게 영원한 생명을 주는 일에 공헌하기 위하여 하나님의 계명을 향해 드린 화관이었다." 언뜻 보기에 메이첸은 '그리스도의 능동적 또는 수동적 순종'이라는 구분을 그다지 선호하지 않는 듯하다. 그러나 필자는 여기서 메이첸이 그리스도의 순종에 이분법적 요소가 전혀 없다고 말하려 한다기보다 그가 그리스도의 순종을 능동적이자 수동적인 개념을 모두 포함하는 완전한 순종으로 본다는 인상을 지울 수가 없다. 개인적으로 필자는 그가 좀 더 종합적인 개념으로서 수동적 순종보다는 능동적 순종을 강조한다고 생각한다. 또한

말해, 그리스도는 자원하여 율법 전체에 순종하셨다. 따라서 그리스도는 죄인을 위해 영원한 생명을 획득하는 율법의 성취자가 되신다. 회중교회의 대표적 신앙고백서인 『사보이 선언』(Savoy Declaration)에서는 이러한 그리스도의 능동적 순종을 가장 명백하고도 분명히 표현한다.

> 하나님은 효과적으로 부르신 자를 또한 무조건 의롭다 하시는데, 그들 안에 의를 주입함으로써가 아니라 그들의 죄를 용서하고 그들을 의로운 자로 간주하여 받아들이심으로써, 그리고 그들 안에 있는 어떤 것으로나 그들이 행한 어떤 것으로가 아니라 오직 그리스도로 말미암아 그렇게 하신다. 또한 믿음 자체를 전가하거나 믿는 행위 또는 그 어떤 복음적 순종으로써가 아니라 '율법 전체를 향한 그리스도의 능동적 순종과 그의 죽음을 통한 수동적 순종'을 그들의 모든 행위와 유일한 의로서 그들에게 전가하심으로써 그렇게 하신다. 그들은 믿음으로 말미암아 그리스도와 그분의 의를 받아들이고 그 안에서 안식하는데, 그 믿음은 그들 자신에게서 나온 것이 아니라 하나님의 선물이다.[6]

위에서 작은 따옴표로 강조된 부분은 『웨스트민스터 신앙고백서』의 발전을 보여 준다. 『웨스트민스터 신앙고백서』에서는 그리스도의 능동적 순종과 수동적 순종이라는 분명하고도 결정적인 이분법적 표현이 발견되지 않는다. 『웨스트민스터 신앙고백서』는 이 부분을 다음과 같이 기록한다(11장 1항).

메이첸은 임종 때 그리스도의 능동적 순종에 감사한다는 유언을 남기기도 했다. 이에 대해서는 다음을 참고하라. N. B. Stonehouse, *J. Gresham Machen: a Biographical memoir* (Willow Grove: Orthodox Presbyterian Church, 2004), 451.

6) The Savoy Declaration of Faith and Order Chap. XI. Of Justification. 다음을 참고하라. *The Savoy Declaration of Faith and Order 1658*, ed. A. G. Matthews (London: Independent Press, 1959).

하나님은 효과적으로 부르신 자들을 또한 값없이 의롭다고 칭하신다(롬 8:30, 3:24 참고). 이 칭의(稱義)는 그들에게 의를 주입함으로써가 아니라, 그들의 죄를 용서하고 그들의 인격을 의로운 것으로 간주하여 받아들이심으로써 된다. 또한 그들 안에서 이루어진 어떤 것이나 그들이 이룬 어떤 것 때문이 아니라 오직 그리스도 때문이며, 믿음 자체, 믿는 행위, 또는 어떤 다른 복음적 순종을 그들의 의로 돌림으로써가 아니라 '그리스도의 순종과 속량을 그들에게 돌림으로써'(롬 4:5-8; 고후 5:19,21; 롬 3:22,24,25,27,28; 딛 3:5,7; 엡 1:7; 렘 23:6; 고전 1:30,31; 롬 5:17-19 참고), 부르심을 입은 그들은 믿음으로 그리스도와 그분의 의를 받아들이고 의존할 때 의롭다함을 받는다. 그 믿음은 그들 자신에게서 나온 것이 아니라 하나님의 선물이다(행 10:44; 갈 2:1 참고).

『사보이 선언』과 비교할 때 『웨스트민스터 신앙고백서』는 "그리스도의 순종과 속량을 그들에게 돌림으로써"를 강조한다. 『웨스트민스터 신앙고백서』가 그리스도의 능동적 순종과 수동적 순종에 대해 언급하지 않은 것은, 웨스트민스터 종교 회의에 참석한 신학자들이 이 주제에 대해 서로 일치된 견해를 도출하지 못했기 때문이다. 그들은 '능동적·수동적 순종'이라는 용어를 만족스러워하지 않았다. 또한 그리스도의 능동적 순종의 전가를 배격하는 알미니안주의자들이 이 개념을 사용하자, 알미니안주의자에 매우 강력하게 반대했던 윌리엄 트위세(William Twisse) 같은 학자가 이 용어에 반대하기도 했다. 왜냐하면 트위세는 하나님께서 만족 또는 보속이 없어도 죄인을 구원하실 수 있는 분이라고 믿었기 때문이다. 고-칼빈주의자(High Calvinist)인 트위세는 영원한 칭의 교리(Eternal Justification)를 주장했다.

이런 이유로 과거와 현재의 몇몇 학자들은 '그리스도의 능동적 순종과 수동적 순종'이라는 개념을 존 오웬이 『사보이 선언』을 작성하는 데 참여한 결과로 이해한다.[7] 그들은 『사보이 선언』이라는 문서를 작성하는 데 존 오웬이 중요한 역할을 했다고 믿었을 뿐만 아니라, 그가 이 주제에 관하여 『웨스트민스터 신앙고백서』를 중대하게 수정했다고 비난했다.[8]

그러나 이것은 매우 공정하지 못한 비난이다. 왜냐하면 16세기 종교개혁 이후에 그리스도의 능동적 순종과 수동적 순종을 날카롭게 구분했던 인물[9]이 비단 존 오웬만은 아니었으며, 그가 『사보이 선언』을 통해 그리스도의 능동적 순종과 수동적 순종을 주장했던 유일한 청교도도 아니기 때문이다.[10] 웨스트민스

---

7) Richard Baxter, *Catholic Communion Defended* (1684), ii. 8; Alan C. Clifford, *Atonement and Justification*, 12에 인용됨.

8) *Justification and Atonement*, 12를 참고하라. 클리포드는 제11장 "칭의에 대하여"가 『사보이 선언』이 주요 본보기로 삼았던 『웨스트민스터 신앙고백서』에서 상응하는 부분을 매우 중대하게 수정했다고 주장한다. 그러나 이러한 수정을 이해하는 데 아무런 어려움도 느낄 필요가 없다. 게다가 이것은 전혀 심각한 수정이 아니다. 왜냐하면 『웨스트민스터 신앙고백서』가 말하는 '순종'은 『사보이 선언』의 능동적 순종에 상응하는 표현이며, 그리스도의 '속량'은 그리스도의 수동적 순종에 상응하는 표현이기 때문이다.

9) Hans Boersma, *A Hot pepper Corn: Richard Baxter's Doctrine of Justification in its Seventeenth-Century Context of Controversy* (Uitgeverij Boekencentrum Zoetermeer, 1993), 220-221. 한스 보스마는 "테오도르 베자가 그리스도의 의의 다양한 국면을 예리하게 구분했던 첫 번째 인물"이었다고 주장한다. 필자는 2장에서 이 주제를 좀 더 상세하게 논의하고자 한다. 그러나 쉐드는 그리스도의 순종에 대한 이러한 구별이 이미 종교개혁 이전 시대 교회 교부들의 저작에서 논리적 암시로 나타난다고 강조한다. "극단적으로 주장될 수 있는 것은, 교부들의 저작 가운데 이러한 구별의 시작이 논리적 암시를 통해 감지된다는 것이다. 그러나 구원론에 대한 교부의 저작들 어디에서도 이런 구별에 대해 공식적으로 언급한 문구를 찾을 수는 없다. 종교개혁 시대 이전에 이러한 구별에 대한 유일한 언급은 토마스 아퀴나스(Thomas Aquinas)의 저작에서 발견되는데, 그는 이것을 만족(satisfactio)과 공로(meritum)라는 단어로 구별했다." William G. T. Shedd, *A History of Christian Doctrine*, vol. 2 (Eugene: Wipf and Stock Publishers, 1999), 342.

10) 예를 들면, 존 번연(John Bunyan)은 "율법의 명령을 수행하는 '행함'과 죄에 상응하는 형벌에 대한 해답으로서의 '고난'이라는 용어를 각각 구분하여" 사용한다. 이에 대해서는 다음을 참고하라. John Bunyan, *The Works of John Bunyan*, Vol. 1, Experimental, Doctrinal and Practical, ed. George Offor (Edinburgh: The Banner of Truth Trust, 1991), 323. 청교도의 조직신학자로 알려진 윌리엄 에임스는 "죄의 용서 이외에 의의 전가도 요구된다"라고 주장한다. 이에 대해서는 다음을 참고하라. William Ames, *The Marrow of Theology*, trans. John D. Eusden (Boston, Philadelphia: Pilgrim Press, 1968), 164. 데이비드 클락슨(David Clarkson) 역시 그리스도의 능동적 순종과 수동적 순종을 매우 예리하고도 훌륭하게 구별하였다. 이에 대해서는 다음을 참고하라. David Clarkson, *The Works of David Clarkson*, vol. 1 (Edinburgh: The Banner of Truth Trust, 1984), 273-330. 필자가 앞서 언급했듯이, 존 브린도 그리스도의 순종에 대한 이 개념을 매력적으로 제시하였다. 이에 대해서는 다음의 책을 참고하라. John Brine, *Christ's Active Obedience Imputed to His People* (WestYorks:

터 종교 회의에 참석한 많은 회원들 역시 『사보이 선언』을 작성하는 일에 매우 적극적으로 관여하였다.[11] 더욱이 비단 『사보이 선언』만이 그리스도의 능동적 순종에 대해 목소리를 높이는 것도 아니다. 『침례교 신앙고백서』(London Baptist Confession) 1677년과 1689년 판 역시 칭의 교리와 관련된 그리스도의 능동적 순종에 대해 『사보이 선언』을 지지한다. 『침례교 신앙고백서』는 다음과 같이 말함으로써, 전가의 핵심과 중심이 그리스도의 능동적 순종에 있다는 점을 분명히 밝힌다(11장 1항 칭의에 대하여).

하나님은 효과적으로 부르신 자들을 또한 값없이 의롭다 칭하신다. 이 칭의는 그들에게 의를 주입함으로써가 아니라, 그리고 그들 안에서 이루어진 어떤 것이나 그들이 이룬 어떤 것 때문이 아니라, 오직 그리스도 때문에 그들의 죄를 용서하고 그들을 의로운 자로 간주하여 받아들이심으로써 된다. 하나님께서 그들의 믿음 자체, 믿는 행위, 또는 어떤 다른 복음적 순종 때문에 그들을 의롭다 칭해 주시는 것이 아니다. 하나님께서 그들에게 전적으로, 그리고 오직 그리스도의 의를 전가해 주심으로(그분의 의를 그들의 의로 간주해 주심으로) 말미암아 그들이 의롭게 되는 것이다. '하나님은 그들에게 전체 율법에 대하여 그리스도의 능동적 순종을 전가하시고, 죽음을 통해 수동적 순종을 전가하신다.' 그들은 믿음으로 그리스도의 의를 받아들이고, 그 안에서 안식(의존)을 얻는다. 이 믿음은 그들이 스스로 소유

Christian Bookshops). 심지어 존 칼빈, 프란시스 튜레틴, 윌리엄 퍼킨스도 존 오웬이 제시하는 바 그리스도의 능동적 순종과 수동적 순종이라는 이분법적 구별을 지지하는 것으로 보인다. 이에 대해서는 다음 장에서 더욱 상세히 다루고자 한다.

11) 그중에는 토마스 굿윈(Thomas Goodwin), 필립 나이(Philip Nye), 윌리엄 브리지(William Bridge), 윌리엄 그린힐(William Greenhill), 그리고 조셉 카릴(Joseph Caryl) 등이 있다. 이에 대한 더 상세한 논의는 다음의 작품을 참고하라. William Barker, *Puritan Profiles* (Ross-shire: Christian Focus Publication, 1999); Eroll Hulse, *Who are the Puritans? and What Do They Teach?* (Darlington: Evangelical Press, 2000).

하거나 생산하는 것이 아니라, 하나님의 선물이다.[12]

그러므로 존 오웬이 그리스도의 능동적 순종과 수동적 순종의 이분법적 정의를 고안하거나 발명했다는 주장은, "세 가지 청교도 신앙고백서들이 모두 그 본질 면에서 동일하며, 그저 교회정치와 세례에 관한 용어만을 달리 사용할 뿐이므로" 논박되어야 마땅하다.[13] 이 교리는 종교개혁 당시의 모든 개신교인들과 이후 청교도들이 단순하고도 보편적으로 용인하고 견지한 교리이다.[14]

---

12) *The Baptist Confession of Faith 1689*, ed. Peter Masters (London: The Wakeman Trust, 1989), 24. 따옴표 강조는 필자의 강조점이다.
13) Eroll Hulse, *Who are the Puritans? and What Do They Teach?*, 187.
14) 예를 들면, 랄프 로빈슨(Ralph Robinson: 1614-1655)은 '그리스도의 의, 그리스도인의 의복'이라는 제목의 설교에서, 그리스도의 의의 전가와 구원의 관계를 다음과 같이 매우 훌륭하게 제시했다. "만일 우리가 이러한 두 가지 방식으로 그리스도를 옷 입지 않는다면, 우리에게 구원의 소망이란 존재하지 않는다. 만일 우리의 의를 위해 예수 그리스도를 옷 입지 않는다면, 죄의 사면이란 존재하지 않으며, 우리의 모든 죄가 우리 자신에게 남겨질 것이다. 우리의 죄가 가려지는 것은 전적으로 그리스도의 의의 전가로 말미암는다(롬 4:16 참고). 또한 죄의 사면이 없다면 구원도 없으며, 우리의 성화 과정에서도 그리스도의 은덕을 입지 않으면, 성경이 말하는 하늘의 소망도 가질 수 없다." Ralph Robinson, *Christ All and in All* (London, 1660; reprint, Ligonier: Soli Deo Gloria, 1992), 48.

2장
전가 교리의 위치

개혁신학에서는 구원론을 구원의 서정(*ordo salutis*)이라 부르기도 한다. 엄밀히 말해, 전가 교리는 구원의 서정 안에서 발생한다. 전가가 실제로 발생하는 위치는 오직 믿음으로 말미암아 의롭게 된다는 위대한 칭의 교리의 정황 속이다.

칭의 교리는 역사적으로 구원의 서정에서 중대한 요소가 되는 바, "교회가 서기도 하고 넘어지기도 하는 신앙의 조항"(*articulus stantis vel cadentis ecclesiae*)으로 묘사되어 왔다. 이는 칭의 교리가 모든 세대에 존재했던 교회의 생명과 관련하여 치명적으로 중대하다는 것을 의미한다. 제임스 패커는 이러한 칭의 교리의 역사적 중요성을 다음과 같이 올바르게 지적했다.

만일 이 교리를 올바로 이해하고 믿고 설교하기만 한다면, 신약 시대에 그러했던 것처럼 교회가 하나님의 은혜 앞에 서고 생명력 있게 살아날 것이다. 그러나 칭의 교리를 무시하고 흐리게 하며 부정한다면, 중세의 로마 가톨릭이 그러했던 것처럼 교회는 하나님의 은혜 앞에서 떨어지고 그 생명도 암흑과 사망의 상태로 떨어져 버릴 것이다.[1]

이 교리는 신약 시대 이후부터 현재에 이르기까지 가장 중대한 신학적 논쟁의 진원지이기도 하다. 특별히 종교개혁 시대 이후에 논쟁은 더욱 격렬해졌다. 왜냐하면 이 교리가 죄인의 생명과 사망을 좌우하기 때문이다. 만일 우리가 칭의 교리를 올바르게 이해하고서 그것을 믿는다면, 우리는 하나님 앞에서 의롭다함을 받을 것이다. 그러나 만일 칭의 교리에 대해 조금이라도 왜곡되거나 잘못된 견해를 가진다면, 우리는 하나님 앞에서 의롭게 되지 못하며, 영원히 멸망당할 죄인으로 남을 것이다. 더 나아가 교회는 하나님의 의와 구원을 저버리고 인간의 행위와 노력을 강조하는 인본주의자들로 넘쳐날 것이며, 다른 한편으로 칭의 교리를 거룩한 성화의 투쟁 없이 저절로 구원받고 천국에 가게 되리라는 '값싼 믿음'에 관한 교리로 전락시키고 말 것이다. 이것이야말로 교회가 반드시 피해야 할 엄청난 위협이다. 따라서 이 칭의 교리는 교회를 서게도 하고 넘어지게도 하는 중대한 교리일 뿐만 아니라, 그리스도인 개인을 영원한 멸망에 빠지게도 하고 영원한 생명을 얻게도 하는 치명적인 교리이다.

16세기의 위대한 종교개혁자들인 마틴 루터와 존 칼빈이 이러한 칭의 교리를 매우 강조한 것은 전혀 놀라운 일이 아니다. 루터는 야고보서가 믿음보다는 행위를 더욱 강조한다고 생각하고서, 이를 "지푸라기 서신"이라고 과도하게 비판하기도 했다.[2] 칼빈 역시 칭의 교리를 "종교의 주요 요점" 또는 "신앙을 떠받

---

[1] James I. Packer, *Collected Shorter Writings of J. I. Packer, Vol. I: Celebrating The Serving Work Of God* (Carlisle: Paternoster Press, 1998), 137. "칭의: 개론적 에세이"(*Justification: Introductory Essay*)로 명명된 이 글은 본래 James Buchanan, *The Doctrine of Justification: An Outline of its History in the Church and of its Exposition from Scripture* (Edinburgh: The Banner of Truth Trust, 1961), 1-9에 게재되었다.

[2] 루터는 칭의와 은혜 교리를 강조한 탓에 세간으로부터 안티노미아니즘(antinomianism), 즉 반(反)율법주의를 주창한다고 고소당하기도 했다. 이것은 특별히 그의 제자인 아그리콜라(Agricola)에 의해 더욱 심화되었다. 그

치는 주된 토대"라고 일컬었다. 우리는 아마도 칼빈의 주된 관심사가 선택과 예정 교리였다고 쉽게 추측할 것이다. 그러나 칼빈의 주석과 그의 『기독교 강요』(Institutes of the Christian religion)를 면밀히 연구해 보면, 그가 가장 중대하게 생각하며 강조한 교리가 예정론이 아님을 금방 깨달을 것이다. 칼빈은 오히려 칭의 교리와 그 결과 나타나는 신자의 윤리적 삶에 대해 더 많은 장들과 시간을 할애하여 설명한다.

> 이 칭의의 문제야말로 신앙을 떠받치는 주된 토대이며, 따라서 이것에 더 큰 관심과 주의를 기울여야 한다. 무엇보다도 먼저 여러분이 하나님과 맺고 있는 관계를 깨닫고 하나님께서 여러분을 어떻게 판단하시는지를 알지 못한다면, 여러분의 구원을 세울 기초도 없고, 하나님을 향하여 경건을 세울 기초도 없기 때문이다.[3]

존 오웬도 아마 존 칼빈을 염두에 두고서, "종교개혁의 역사에 첫 번째 도화선이 된 것은 바로 칭의 교리일 것이며, 따라서 칭의 교리는 종교의 주요 요점 또는 신앙을 떠받치는 주된 토대이다"라고 말한 것으로 보인다.[4]

이 점에서 칼빈과 오웬의 유사성이 발견된다. 다음의 인용문으로 미루어 볼

러나 루터는 1530년대에 그리스도의 삶에서 율법의 역할을 강조하기 시작했고, 그리스도인들을 훈육하기 위해 율법이 필요하다는 것을 설교하기도 했다. 아그리콜라와 논쟁하면서 루터는 칭의 교리뿐만 아니라 율법의 중요성까지 깨달을 수 있었던 것이다. 1519년에 기록된 루터의 갈라디아서 주석 초판과 1538년에 개정된 주석을 비교해 보라. 또한 1539년에 쓰인 『반율법주의에 반대하며』(Against Antinomianism)라는 중대한 신학적 논고를 참고하라.

3) John Calvin, Institutes, 3.11.1. 사실상 칼빈은 그의 『기독교 강요』에서 이 위대한 칭의 교리를 설명하는 데 많은 장을 할애한다. 특히 제3권 11-16장을 참고하라.

4) John Owen, The Doctrine of Justification, Vol. 5, ed. W. H. Goold (Johnston and Hunter, 1850-1853; reprint, Edinburgh: The Banner of Truth Trust, 1965), 65. 학자들은 아마도 오웬이 당시 영국 대륙에 이미 유포되어 있던 칼빈의 저작들을 섭렵했을 것이며, 특히 칼빈의 『기독교 강요』를 탐독했을 것으로 추정한다.

때, 존 오웬은 칭의 교리를 지극히 중대한 교리로 간주한 듯하다.

> 칭의 교리는 그리스도인의 행실을 지도하는 역할을 하며, 그 어떤 교리보다도 더욱 우리로 하여금 복음적 순종의 삶에 관심을 두게 한다. 왜냐하면 하나님을 향한 우리의 모든 의무의 기초와 이성, 동기가 바로 이 교리에 담겨 있기 때문이다.[5]

17세기 청교도들인 존 번연(John Bunyan)과 로버트 트레일(Robert Trail)도 당시 그들을 대적했던 토비아스 크리습(Tobias Crisp)과 리처드 백스터 같은 신학자들로부터 위협받고 있던 칭의 교리를 변증하고 수호하기 위해 펜을 들었다. 그렇게 함으로써 트레일은 칭의 교리가 얼마나 중대한지를 더욱 절실히 깨닫게 되었다. 트레일은 칭의 교리를 기독교 복음의 핵심으로 간주하였다.

> 가장 위대하고도 근본적인 기독교 진리들이 모두 칭의 교리 안에 담겨 있다. 삼위 하나님의 각 인격과 신성, 성부의 독생자의 성육신, 세상 죄를 위하여 그분이 취하신 육체 안에서 드리신 그분의 순종과 희생 제물을 통해 하나님의 율법과 공의를 향해 지불된 속죄와 만족, 이 모든 것들을 계시하는 성경의 신적 계시의 권위가 바로 그것이다. 그 만족을 전가하고 적용함으로써 이루어지는 죄인의 칭의라는 진리 안에 이 모든 복음의 진리가 분명하게 담겨 있다.[6]

---

5) Ibid., 10.
6) Robert Trail, *Justification Vindicated* (The Banner of Truth Trust, 2002), 67. 1692년의 이 책의 원래 제목은 "율법폐기론주의라는 부당한 비난으로부터 개신교의 칭의 교리를 옹호함"이었다.

존 오웬이나 로버트 트레일과 동시대 신학자였던 토마스 왓슨(Thomas Watson) 역시 "칭의 교리는 기독교의 참된 요점이자 기둥이다"라고 말했다.[7] 18세기에 접어들면서, 미국의 조나단 에드워즈(Jonathan Edwards, 1703-1758)는 오직 믿음으로 말미암는 칭의 교리를 "성경이 지극히 중대하게 다루기 때문에" 이것이 매우 중대하다고 믿었다.[8] 이어서 에드워즈는 "율법의 행위로 말미암는 칭의와 반대되는 것으로서 믿음으로 말미암는 칭의 교리가 있다. 특별히 사도 바울이 이것을 매우 중요하게 가르쳤으며, 성경에 그 어떤 것보다 더욱 명백하게 나타나 있으므로 어느 누구도 부인할 수 없다"라고 강조한다.[9]

18세기 에든버러(Edinburgh) 뉴 칼리지의 조직신학 교수였던 제임스 뷰캐넌은 "칭의 교리가 주된 종교개혁자들의 교리였으며, 모든 교회들이 만장일치로 고백하고 채택한 교리라는 것은, 심지어 최근의 대적자들도 인정하는 사실이다"라고 말했다.[10] 존 쥐라두(John L. Girardeau)의 제자인 켄터키 장로교 신학교의 로버트 웹(Robert Webb)은 "기독교의 모든 교리적 체계 중에서 칭의 교리보다 더 중요한 교리나 더 뛰어난 복은 없다"라고 주장했다.[11] 20세기에 접어들어, 미국 웨스트민스터 신학교의 교수였던 존 머레이(John Murray, 1898-1975)는 칭의 교리에 대해 이렇게 평가한다.

우리는 반드시 오직 믿음으로 말미암는 칭의가 선사하는 기쁨 안으로 진입함으로써 지식을 초월하는 평강과 하나님의 영광의 소망 안에서 즐거워하기 위하여 하나님의 의와 그 위엄을 되찾고 죄의 극렬한 죄악성을 설파

---

7) Thomas Watson, *A Body of Divinity* (1692; reprint, 1890; reprint, Edinburgh: The Banner of Truth Trust, 1970), 226.
8) Jonathan Edwards, *Justification by Faith Alone* (Ligonier: Soli Deo Gloria, 2000), 145.
9) Ibid., 145-146.
10) James Buchanan, *The Doctrine of Justification*, 10.
11) Robert A. Webb, *Christian Salvation: its Doctrine and Experience* (Sprinkle Publication, 1985), 359.

해야 한다.[12]

또한 머레이는 다른 곳에서 이렇게 말한다.

> 그러므로 만일 우리가 하나님께서 불의한 자에게 수여하시는 바 충만하고도 완전한 칭의를 제공하는 한 의를 찾아야 한다면, 우리는 우리 안에서나 하나님이 우리 안에서 행하시는 것이나 우리가 행하는 어떤 것에서는 그것을 찾을 수 없다. 우리는 반드시 우리 자신으로부터 멀리 떠나 완전히 다른 종류의, 그리고 완전히 다른 곳에서 그것을 찾아야만 한다. 그렇다면 성경이 가리키는 그곳은 어디인가? 그곳은 바로 그리스도 안이다. 우리가 의롭게 되는 것은 오직 그리스도 안에서뿐이다.[13]

우리는 지금까지 칭의 교리의 중대성을 묘사했다. 그렇다면 칭의 교리의 정황 속에서 전가 교리는 왜 중요한가? 우리가 앞에서 살펴보았듯이, 그의 삶과 죽음을 통한 그리스도의 완전한 순종의 전가 교리는 하나님 앞에서 이루어진 죄인의 칭의의 핵심이자 요체이다. 만일 우리가 칭의 교리에서 전가를 제거해 버린다면, 아무것도 남지 않을 것이다. 따라서 우리가 칭의 교리를 "교회가 서기도 하고 넘어지기도 하는 중대한 교리"(articulus stantis vel cadentis ecclesiae)로 묘사할 수 있다면, 마찬가지로 전가 교리를 "칭의 교리가 서기도 하고 넘어지기도 하는 중대한 교리"(articulus stantis vel cadentis iustitiae)로 표현할 수 있

---

12) John Murray, *Collected Writings of John Murray*, Vol. 2: Systematic Theology (Banner of Truth Trust, 1977), 204.
13) John Murray, *Redemption Accomplished and Applied* (Edinburgh: The Banner of Truth Trust, 1961), 126. 마틴 루터 역시 정확히 동일한 요점을 지적한다. 루터는 그것을 '외부적 의'(alien righteousness)라고 불렀다. LW 27, 222; 31, 297 ff. 그는 여기서 이 의를 가리켜 "그리스도 또는 그리스도의 의는 우리 밖에 있으며, 우리에게 외부적인 의이다"라고 쓴다.

을 것이다. 다시 말해, 그리스도의 완전한 순종의 전가는 칭의 교리의 심장과도 같다. 전가가 무너지면 칭의도 무너지고, 교회도 무너지고 말 것이다. 그러므로 전가 교리의 중대성은 아무리 강조해도 결코 지나치지 않다.

종교개혁자들과 개혁주의 신학자들은 전가 교리에 대한 삼중적 견해를 가르쳐 왔다. 그것은 다음과 같다. 첫째, 그의 후손을 향한 아담의 죄의 전가, 둘째, 구속자를 향한 그의 백성의 죄의 전가, 셋째, 그의 백성을 향한 그리스도의 의의 전가이다.[14] 전가 교리의 이 삼중적 구조는 매우 중요하지만, 이 책에서 이를 모두 다룰 수는 없다. 다만 여기에서는 벤자민 워필드(Benjamin B. Warfield)의 말을 빌려, "전가 교리의 중요성은 그것이 이 세 가지 위대한 교리를 떠받치는 근거이자 그 순결함의 보호자라는 데서 찾을 수 있다"라고 말하는 것으로 대신하고자 한다.[15]

이제 이어지는 장에서는 청교도를 중심으로 전가 교리의 역사적 계보와 발전에 대해 살펴보자.

---

14) 이 주제에 대한 고전적 연구에 대해서는 다음을 참고하라. Murray, *The Imputation of Adam's Sin*; Warfield, *The Works Benjamin B. Warfield IX. Studies in Theology*, 301-309.
15) Warfield, *The Works of Benjamin B. Warfield IX. Studies in Theology*, 305.

2부
전가 교리의 역사적 발전

 전가 교리의 역사적 발전을 살펴보려면, 무엇보다 청교도로부터 시작해야 한다. 그렇다면 우리는 왜 청교도에 관심을 기울이는가? 21세기를 살아가는 우리가 왜 청교도를 읽고 연구해야만 하는가? 나는 오늘날 우리가 반드시 그렇게 해야 한다고 믿는다. 왜냐하면 적어도 정통적인 역사적 교리의 발전에 관한 한, 종교개혁자들과 청교도 사이에 일련의 연속성이 존재하기 때문이다. 종교개혁이라는 역사적 사건은 세속 역사 속에서 구속사를 주도하시는 하나님의 섭리적인 일하심이었다. 그것은 절대 우연히 발생한 일이 아니다. 한스 힐러브랜드(Hans J. Hillerbrand)의 다음과 같은 판단은 전적으로 옳다. "16세기의 개신교 종교개혁은 존재하는 역사가 전부 우연이 아닌 이상 절대 우연적 사건일 수 없다."[1]

 종교개혁자들은 칭의 교리에서 중대한 수단이 되는 바울의 전가 교리를 재발견했고, 그것을 다시금 확증했다.[2] 이러한 점에서 종교개혁은 언제나 "복음

---

1) Hans J. Hillerbrand, *The Reformation* (Grand Rapids: Baker, 1987), 16.
2) Otto Webber, *Foundations of Dogmatics*, Vol. 2 (Grand Rapids: Eerdman, 1983), 283. "칭의 교리는 종교개혁의 발명품이 아니었다. 종교개혁은 그것을 재발견한 것이다. 이런 종교개혁의 재발견은 심지어 로마 가톨릭교회가 트렌트 공의회에서 칭의 교리를 진술할 수밖에 없도록 만들었다."

의 정수에 대한 적극적 선언"이었다.[3] 청교도들 역시 그들의 저작과 설교와 다양한 신앙고백서들을 통해 칭의와 전가 교리에 대해 동일하게 진술했다. 청교도들이 종교개혁을 가장 충실히 계승했다는 것은 의심할 여지 없는 사실이다.[4] 청교도들은 종교개혁자들과 동일한 신학 노선을 걸었다. 말하자면, 그들은 종교개혁자들의 후계자들이자 표상과도 같았다. 17세기 청교도들은 종교개혁의 신학을 계속 가르치고 전수했다.

나아가 청교도들은 이 탁월한 교리를 좀 더 상세하고 열렬하게 해석할 뿐만 아니라, 정통주의와 잘못된 견해 사이의 다른 점들을 설명하는 데도 대단히 숙련된 전문가들이었다.[5] 돈 키슬러(Don Kistler)는 조나단 에드워즈의 외조부 솔로몬 스토다드(Solomon Stoddard)가 자신의 독자들을 위해 저술한 『하나님의 심판의 날에 그리스도의 의 안에서 안전하게 서기』(The Safety of Appearing on the Day of Judgment in the Righteousness of Christ)라는 작품을 추천하면서 이렇게 말한다.

> 오늘날 많은 사람들이 전가된 의와 주입된 의 사이에 존재하는 무한한 차이점에 대해 올바르지 못한 생각을 가지고 있다. 그러나 나는, 이 전가된 의에 대해 올바른 견해를 가지는 것이 얼마나 중대한지는 아무리 강조해도

---

3) John H. Leith, *Introduction to the Reformed Tradition* (Atlanta: John Knox Press, 1981), 33. "무엇보다도 종교개혁은 그리스도의 복음에 대한 적극적이고도 단호한 선포였다. 종교개혁자들은 반대자들을 향해서도 복음을 절대 소극적으로 선포하지 않았다. 왜냐하면 그것이 무엇보다도 중대하고도 엄숙한 포고문을 제정하는 의미에서 강력한 주장이었기 때문이다."
4) Paul Helm, *Calvin & the Calvinists*, 3. 이 책에서 헬름은 테오도르 베자, 존 녹스(John Knox), 윌리엄 에임스, 윌리엄 퍼킨스, 웨스트민스터 종교 회의의 신학자들, 그리고 특히 존 오웬을 종교개혁의 계승자들로 나열한다.
5) Don Kistler, *Why Read the Puritans Today?* (Ligonier: Soli Deo Gloria, 1999), 14. 이 작은 책자에서 키슬러는 오늘날 우리가 청교도들의 저작을 읽어야 하는 이유를 열 가지로 제시한다. 그는 아홉 번째 이유에서 "청교도들은 인간이 하나님 앞에서 어떻게 의로워질 수 있는지를 명료하게 이해할 수 있도록 도와준다"라고 말한다. 이 소중하고도 중대한 칭의 교리에 대한 가장 훌륭한 주해서 가운데 하나가 바로 존 오웬의 다음 작품이다. John Owen, *The Doctrine of Justification by Faith*, Vol. 5 (Edinburgh: The Banner of Truth Trust, 1965).

지나치지 않다고 생각한다. 이 두 가지 견해의 차이는 단순히 로마와 제네바 사이에 존재하는 거리 차이 정도가 아니다. 그것은 천국과 지옥 사이에 존재하는 차이와도 같다.[6]

---

[6] Kistler, Why Read the Puritans Today?, 15.

1장

대표적 종교개혁자
: 청교도의 선구자

그렇다면 이제 이 교리의 역사적 계보를 살펴보자. 특별히 청교도의 선구자들인 14-16세기 대표적인 종교개혁자들로부터 그 이후 16,17세기의 대표적인 청교도들을 집중적으로 살펴볼 것이다. 이런 집중적인 고찰은 청교도들이 종교개혁자들의 진정한 계승자라는 사실을 더욱 확실히 증명해 줄 것이다. 그리스도의 완전한 순종에 관한 청교도의 전가 교리를 올바로 이해하고 평가하려면, 무엇보다 먼저 후기 청교도들의 신학적 기초가 된 종교개혁자들의 전가 교리를 철저히 연구해야 하며, 또한 종교개혁자들과 청교도들 사이에 어떤 연속성 또는 일치(consensus)가 있었는지를 확증해야 할 것이다.

마틴 루터(Martin Luther, 1483-1546)

먼저 마틴 루터에서 시작해 보자. 루터가 개혁신학을 완성할 수 있도록 종교개혁을 단행한 역사적 인물이기 때문이다. 전가 교리에 관한 루터의 독특한 특징 중 하나는 그가 그리스도와 죄인 사이의 놀라운 교환(wonderful exchange)을 가르쳤다는 것이다. 그리스도는 우리의 것이 아닌 것을 우리에게 주시고, 그분의 것이 아닌 것을 우리로부터 취하셨다. 루터는 이 위대한 교환을 다음과 같이 훌륭하게 묘사한다.

> 주 예수여, 나의 죄가 당신의 죄가 되듯이, 당신께서 나의 의가 되십니다. 당신은 스스로 나의 것을 취하셨고, 당신의 것을 내게 주셨습니다. 당신은 당신이 아니셨던 것을 취하셨고, 내게 내가 아니었던 것을 주셨습니다.[1)]

> 이것은 죄인에게 풍성히 부어 주시는 하나님의 은혜의 신비입니다. 이 위대한 교환을 통해, 우리의 죄는 더 이상 우리의 것이 아니라 그리스도의 것이 되었고, 그리스도의 의는 더 이상 그리스도의 것이 아니라 우리의 것이 되었습니다. 그리스도는 자신의 의를 비우고 종의 형체로 낮추어 우리의 옷을 입으셨습니다. 그리고 우리를 자신의 의로 가득 채워 주셨습니다. 또한 그리스도는 우리를 그 악으로부터 구원하시기 위해 우리의 악을 친히 담당하셨습니다. 그러므로 이제 그리스도의 의는 객관적으로뿐만 아니라 공식적으로도 우리의 것이 되었습니다.[2)]

이것은 참으로 위대한 교환이 아닐 수 없다. 그러나 이 위대한 교환이 도대체 어떻게 발생할 수 있는가? 그것은 오직 전가라는 개념으로만 올바르게 진술되고 설명될 수 있다. 도대체 그리스도께서 어떻게 나의 것을 그분의 것으로

---

1) Martin Luther, *Luther's Works*, Vol. 48, Letters I (Fortress Press, 1963), 12f.
2) Luther, *Luther's Works*, Vol. 5, 608. 시편 주석으로부터(1519-1521).

취하시는가? 바로 전가를 통해서이다. 또한 그리스도께서 어떻게 그분의 것을 우리에게 수여하시는가? 그것 역시 전가를 통해서이다. 우리는 전가를 통해, 전가로 말미암아, 즉 전가라는 방법으로 의롭다함을 받는다. 우리는 오직 우리의 모든 죄가 그리스도에게로 전가되고 그리스도의 흠 없고 점 없는 의가 우리에게로 전가되는 일의 기초가 되는, 그리스도의 삶과 속죄적 죽음을 근거로 의롭다고 선언 받는다. 전가가 없이는 위대한 교환이 이루어질 수 없다.

루터의 명설교인 '두 종류의 의'(Two Kinds of Righteousness)라는 설교에는 인용할 만한 글이 있다. 루터는 여기서 그리스도와 교회 사이에 이루어지는 상호적인 전가를 설명하면서 혼인을 비유로 든다. 루터의 설교를 들어 보자.

> 그러므로 인간은 그리스도 안에서 담대하게 확신하면서 다음과 같이 말할 수 있습니다. "그리스도의 삶과 행하심, 말씀하심, 고난받으심과 죽으심은 모두 나의 것입니다. 그리스도가 그렇게 하신 것이 마치 내가 그렇게 살고 행하고 말하고 고난받고 죽은 것처럼 나의 것이 된 것입니다." 이것은 마치 신부의 소유물 전부가 신랑의 것이며, 신랑의 소유물 전부가 신부의 것이라는 사실과 동일한 이치입니다. 왜냐하면 이 둘이 한몸이 되어 모든 것을 함께 소유하기 때문입니다. 그러하기에 그리스도와 교회 역시 한 영이 되는 것입니다.[3]

루터의 이 설교에는 죄인들이 그리스도와의 연합을 통해 그분의 행하심과 고난받으심을 근거로 그리스도의 의를 전가 받아 의롭게 된다는 것이 아주 명백하게 드러나 있다.

---

[3] Martin Luther, 'Two Kinds of Righteousness,' in *Martin Luther: Selections from His Writings*, ed. John Dillenberger (New York: Anchor, 1961), 86-87.

그렇다면 우리가 그리스도의 전가된 의라고 할 때, 그 '의'란 무엇인가? 그것은 '우리 밖에 있는 외부적 의'(alien righteousness)를 의미한다.[4] 이것은 '하나님의 의'이다. 왜냐하면 그것을 하나님께서 준비하시고, 하나님께서 수여하시기 때문이다. 또한 하나님이 준비하고 수여하시는 이 의는 바로 '그리스도의 의'이다.[5] 이 그리스도께서 우리의 보속(ransom)과 만족(satisfaction)이 되신다.

폴 알트하우스(Paul Althaus)는, 루터에 따르면 그리스도가 죄인들을 위해 두 가지 방식으로 만족이 되신다고 주장하면서 다음과 같이 말한다. "그리스도는 율법에 표현된 하나님의 뜻을 성취하시고, 동시에 하나님의 진노로서 죄의 형벌이라는 고난을 받으신다. 그리스도는 이 두 가지를 우리의 자리에서 우리를 대신하여, 그리고 우리의 유익을 위해 감당하신다."[6] 그런데 이 유익은 오직 믿음을 통한 전가로만(by imputation) 전달될 수 있다. 그러므로 칼빈과 마찬가지로 루터에게도, 칭의 교리는 단순히 죄의 용서나 죄의 무전가(non-imputation of sins)뿐 아니라 적극적인 의의 전가(imputation of righteousness)로 말미암는다.

루터는 의롭다함을 받는 죄인에게 전가되는 의를 그리스도의 삶과 죽음을 통한 그리스도의 완전한 의로 보았다. 그러나 루터에 대한 새해석주의자들은 새롭게 출현한 올바른 판단의 빛을 통해 루터를 이해해야 한다고 주장한다.[7] 루터에 대한 새해석주의자들에 따르면, 전가란 "윤리적이며 사법적이라기보다는 좀 더 존재론적이며 신비적인 것"이라고 주장한다. 마크 허스밴드(Mark

---

[4] E. M. Plass, *What Luther Says*, 708. "이것은 확실히 여기저기에 있는 율법의 행위나 사랑의 행위로서의 의가 아니다. 이것은 아주 다른 의로서 새로운 세상에서 왔으며, 율법을 초월하여 밖에서 온 아주 다른 종류의 의이다."

[5] Paul Althaus, *The Theology of Martin Luther* (Philadelphia: Fortress Press, 1966), 227. "그러므로 죄인에게 수여되는 의는 죄인 자신이 생산해 낸 죄인의 것이 아니라 예수 그리스도께 속한 '외부적' 의이다."

[6] Ibid., 203.

[7] 루터에 대한 새해석은 루터의 구원론을 "하나님께서 오직 그리스도의 희생적 속죄의 공로에 의해서만 우리를 의롭다고 선언해 주시는" 법정적 칭의가 아니라 동방정교회의 견신론(theosis) 또는 그리스도와의 신비한 연합으로 말미암는 신성화(deification)에서 찾는다. 이에 대해서는 다음을 참고하라. Carl E. Braten and Robert W. Jenson, *Union with Christ: The New Finnish Interpretation of Luther* (Grand Rapids: Eerdmans, 1998).

Husband)는 루터가 칭의에서 믿음의 역할에 대해 모호하게 표현한 것이 바로 루터에 대한 핀란드인의 새로운 해석(the New Finnish Interpretation of Luther)이 등장하는 원인이 되었다고 주장한다. 그는 이에 대해 다음과 같이 강조한다.

루터의 분석으로 말미암아, 선행하는 믿음의 주심(giving)이 신적 전가의 행위보다 앞선다는 문제(달리 뭐라 설명할 수 없는 문제)가 파생되었다(그리고 루터는 이것을 후기 개신교 신학자들에게 전했다). 이 사실은 분명 칭의보다 중생('우리 안'에서 이루어지는 하나님의 역사)이 논리적으로 우선한다는 관점을 시사한다. 그렇다면 이런 범위 내에서 토마스(Thomas)가 그러했던 것처럼, 칭의에 관한 로마 가톨릭의 이해로부터 '결별'하는 것은 그다지 완전한 선택은 아닌 듯하다. 또한 루터의 견해에 대해 계속되는 설명은 해결되지 못한 몇 가지 중대한 문제들을 여전히 남겨 놓고 있다. 믿음이 그리스도를 '붙잡는다'(lays hold of)는 말은 무엇을 의미하는가? 하나님에 의해 우리에게 전가되는 것은 정확히 무엇인가? 물론 그것은 분명히 그리스도의 의이다. 그렇다면 우리는 이것을 어떻게 이해해야 하는가? 우리가 "그리스도의 의"라고 말할 때, 우리는 그리스도의 어떤 의를 말하는 것인가? 그것은 하나님에게 합당한 신적인 의, 즉 로고스가 자신과 함께 가지고 오신 의인가? 즉, 성육신하신 자신의 존재 양식 안으로 가져오신 하나님의 의를 가리키는가? 아니면 그리스도께서 이미 하나님이 육신이 되신, 즉 성육신하신 분으로서 신성과 인성의 연합 안에서 살아 내신 순종하는 삶의 덕목으로 말미암은 의인가? 둘째로, 이런 일련의 질문들 가운데 첫 질문에 대해 답했다면, 우리는 계속 다음과 같은 질문을 던져야 한다. 우리는 앞에서 정의한 그리스도의 의에 어떤 관계의 방식 또는 양식으로 참여하는가? 전가가 우리에게 초기의 실마리를 제공할지도 모른다. 그러나 그것 외에 다른 것을 더 시사할 수는 없는가? 나는 이러한 질문들에 대한 루터의 답변이 명료함과는 거리가 멀다고 확신한다. 그런데 최근 루터를 새롭게 해석하려는 학파가 등장하여, 루터를 새로운 해석의 빛으로 바라볼 때 이러한 일련의 질문들에 대한 답을 찾을 수 있다고 주장한다……그러나 여기서는 칭의보다 중생을 더 우선시하려는 루터의 경향이 핀란드인의 새로운 해석의 문을 활짝 열어 주었다고만 말해 두자. 나는 이 새로운 해석이 루터의 참된 의미를 곡해함으로써 루터에 대해 많은 일을 초래했다고 본다.[8]

그러나 그리스도의 삶과 죽음 안에서 그리스도의 의를 받아들이는 수단 또는 도구로서의 믿음과, 성령의 역사하심으로 말미암는 인간의 태도로서의 믿음을 논리적으로 구별하여 이해하는 것이 그다지 어려운 일이 아니라고 말하는 정도로도 이런 질문에 충분히 답할 수 있을 것이다. 중요한 것은, 우리를 의롭다 하는 것이 믿음이 아니라 전가에 대한 하나님의 신적 행위라는 것이다. 그리스도의 의의 긍정적인 전가에 대해 루터 역시 자신의 갈라디아서 주석에서 이렇게 언급한다.

이 두 가지가 그리스도의 의를 완전하게 만든다. 첫째는 공식적으로 그리스도를 믿게 만드는 믿음, 곧 신적으로 수여된 선물로서의 마음 안에 있는 믿음이다. 둘째는 세상의 죄를 위해 고난당하신 그리스도 안에서 죄인의 믿음이 시작되는데, 하나님께서 자신의 독생자이신 그리스도로 인해 이 불완전한 믿음을 완전한 의로 산주하신다. 그리스도를 믿는 믿음으로 인해 하나님은 더 이상 내 안에 남아 있는 죄를 보지 않으신다……이것은 내

---

8) Mark Husband and Daniel J. Treier, ed. *Justification: What's at Stake in the Current Debates*, 94-95.

가 그리스도를 붙잡기 시작하는 믿음으로 말미암는 전가로 인해 성취된다. 그리고 우리가 붙잡는 그 그리스도 때문에 하나님은 우리의 불완전한 의를 완전한 의로 간주하시고, 비록 우리의 죄가 정말 실제적인 죄일지라도 전혀 죄로 보지 않으신다.[9]

루터에 따르면, 우리는 그리스도의 완전한 의 때문에 전적으로 의로운 자로 간주된다. 그렇다면 이 그리스도의 완전한 의의 핵심은 무엇인가? 다시금 말하지만, 그것은 그리스도의 신-인적 순종, 즉 하나님이자 사람이신 그리스도의 완전한 순종이다. 후기 루터파 신앙고백서는 다음과 같은 선언을 확증하면서 이에 대해 분명히 밝힌다.

이와는 반대로 신성과 인성에 따른 완전한 그리스도 전부가 바로 우리의 의이시다. 하나님이자 인간으로서 그리스도는 자신의 순종 안에서 아버지 하나님께 죽기까지 순종하셨다. 그리스도는 이 순종을 통해 우리를 위한 죄의 사면과 영원한 생명을 획득하셨다.[10]

지금까지 언급한 것을 종합해 보면, 비록 루터가 능동적·수동적이라는 개념의 용어를 사용하지 않았다고 할지라도, 루터 자신은 하나님께서 그리스도의 완전한 의의 전가로 말미암아, 또는 그리스도의 신적이며 인간적인 삶과 죽음이라는 구속적 사역 안에서의 순종으로 말미암아 우리를 의로운 자로 간주하셨다는 사실을 확신했다는 것이 자명하다.

---

9) Martin Luther, *Luther's Works*, Vol. 26, ed. Jaroslav Pelikan (St. Loius: Concordia, 1963), 231-234.
10) *The Book of Concord*, ed. Robert Kolb and Timothy J. Wengert, trans. Charles Arand et al. (Minneapolis: Fortress Press, 2000), 495.

존 칼빈(John Calvin, 1509-1564)

자, 이제 칼빈으로 넘어가 보자. 들어가는 말에서 살펴본 클리포드의 비평과는 달리, 칼빈은 너무나 명백하게 칭의를 그저 죄를 용서해 주시는 사면 그 이상의 것으로 보았다. 좀 더 적극적인 관점에서 보면, 칭의는 그리스도의 의의 전가이다. 그것은 우리의 순종이 아니라 그리스도의 순종이다. 칼빈의 진술을 인용해 보자.

> 그러므로 우리는 칭의를, 하나님께서 그저 은총 가운데 우리를 의로운 자로서 받아 주시는 하나님의 용인(acceptance)이라고 말할 수 있다. 또한 우리는 칭의가 죄의 사면(remission of sins)과 그리스도의 의를 우리에게로 옮겨 주시는 전가(the imputation of Christ's righteousness)로 구성된다고 말할 수 있다.[11]

> 여러분이 주의하여 보다시피, 우리의 의는 우리 안에 있는 것이 아니라 그리스도 안에 있다. 우리가 그 의를 소유하는 것은 우리가 오직 그리스도 안에 참여하는 자들이기 때문이다. 참으로 우리는 그리스도 안에서 그 모든 풍성함과 보고(riches)를 소유하게 된다.[12]

> 오히려 반대로 그는 값없는 죄 사함에 완전한 의를 결부시키면서, 죄가 가려진 사람들이 복되고, 하나님께서 불법을 사하신 사람, 곧 하나님께서 그

---

[11] Calvin, *Institutes*, 3.11.2. 따라서 클리포드의 주장은 그 근거와 설득력을 잃는다. 우리는 칼빈에 대한 클리포드의 해석이 종교개혁자들의 견해를 올바로 인식하지 못했을 뿐만 아니라, 믿음으로 말미암는 전가의 본질과 성격을 납득하지 못한 결과라고 결론지을 수 있다.
[12] Ibid., 3.11.23.

죄를 인정하지 않으시는 사람이 복되다고 선언한다. 곧 바울은 그 사람이 본질적으로 의롭기 때문이 아니라 의를 전가 받아 의로운 자가 되었기 때문에 그가 복되다고 판단하고서 그의 복된 상태를 인정하는 것이다.[13]

그러므로 칼빈에 따르면, 그리스도의 의를 우리에게 전가하는 것이란 우리의 죄와 하나님의 진노를 우리에게 지우지 않는 것을 의미한다. 그것은 곧 오직 믿음으로 말미암는, 오직 그리스도를 통한 의의 전가이다.[14]

그렇다면 그리스도의 의의 전부, 즉 그리스도의 의의 총체는 무엇인가? 그것은 바로 그리스도께서 실행하고 보여 주신 자원적이고도 자발적인 순종이다. 그리스도께서 자신의 삶과 죽음을 통해 보여 주신 순종 말이다. 칼빈은 다음과 같이 설명한다.

> 그런데 어떤 사람은, 그리스도께서 과연 어떻게 죄를 제거하고 우리와 하나님 사이의 단절을 해결하셨으며, 또한 어떻게 의를 얻어 하나님으로 하여금 우리에게 자비와 친절을 베푸시게 만드셨느냐고 묻는다. 이에 대해 우리는 일반적으로, 그분이 복종하는 모든 과정을 통해 우리를 위한 의를 이루셨다고 대답한다.[15]

그리스도의 순종은 우리가 받은 칭의의 본질적인 부분이다. 여기에 그리스도의 완전한 칭의의 필요성을 우리에게 극명하게 보여 주는 또 다른 부분이 있

---

13) Ibid., 3.11.11.
14) Ibid., 2.16.3. "그러므로 하나님께서 우리를 기뻐하시고 우리에게 자비를 베푸신다는 것을 확신한다면, 우리는 우리의 눈과 마음을 오직 그리스도께 고정해야 할 것이다. 사실상 우리의 죄가 우리에게 돌려지는 것이나 그로 인하여 하나님의 진노가 우리에게 부어지는 것을 피하는 길은 오직 그리스도를 통하는 것밖에 없다."
15) Ibid., 2.16.5.

다. 칼빈은 그의 로마서 주석에서 이것을 다음과 같이 설명한다.

> 그(바울)가 이후에 우리가 그리스도의 순종으로 말미암아 의롭게 된다고 말할 때, 우리는 이것을 통해, 그리스도께서 하나님 아버지를 만족시키시기 위하여 우리를 위한 의를 생산하셨다는 사실을 추론할 수 있다. 또한 우리는 이것으로부터, 의가 그리스도 안에 본질로서 존재하는데 바로 이 그리스도께 본질로 속한 의가 우리에게로 전가된다는 사실을 추론할 수 있다. 이와 동시에 바울은 그리스도의 의의 성질을 순종을 지칭하는 것으로 설명한다. 여기서 우리에게 시사되는 바, 만일 우리가 행위로 말미암아 의롭게 되기를 원한다면 하나님의 존전에 우리가 무엇을 가져와야 한다고 요구되는지에 주목하라. 그것은 바로 율법에 대한 순종이다. 불완전하고 부분적인 순종이 아니라 모든 면에서 절대적으로 완전한 순종이다.[16]

바로 이것이 그리스도께서 이 타락한 세상에 성육신하여 인간의 몸으로 오셔야 했던 주된 이유이다. 그 어떤 죄인도 의롭다함을 얻기 위하여 모든 율법을 온전히 준행할 수 없다. 죄인에게는 그런 능력이 없으며, 따라서 구원과 칭의를 위하여 아무것도 공헌할 수가 없다. 바울은 로마서 3장 10절에서 "기록된 바 의인은 없나니 하나도 없으며"라고 선언한다. 따라서 우리가 아닌 다른 이가 우리 대신 의를 수여해 주어야만 한다. 칼빈은 그의 명작 『기독교 강요』에서, 그리스도의 성육신을 그분이 우리의 자리에서 우리를 대신하여 순종을 행하시기 위한 필요조건으로서 강조한다.

---

16) John Calvin, *N. T. Commentaries* 8, ed. David W. Torrance and Thomas F. Torrance, trans. Ross Mackenzie (Grand Rapids: Eerdmans, 1973), 118.

그리하여 우리 주님이 참사람으로 오셔서 아담의 인격과 이름을 취하여 아담을 대신하여 아버지께 순종을 이루시며, 우리의 육체를 대표하여 하나님의 의로우신 심판을 만족시키시는 값으로 내놓으시고, 그 육체로써 우리가 치러야 할 형벌의 값을 치르셨다.[17)]

따라서 그리스도의 순종은 그리스도의 삶과 죽음을 모두 포함하는 포괄적 의미를 지니고 있다. 칼빈은 "우리 구원의 질료적 원인은 성자 하나님의 순종에 있다"[18)]라고 말한다. 칼빈은 이것을 우리 구원의 원인이 되는 하나님의 긍휼하심이라고 말한다.[19)] 그러나 우리는 칼빈의 모든 저작에서 '그리스도의 능동적 순종과 수동적 순종'이라는 언급이나 인용을 단 하나도 찾을 수 없다. '그리스도의 능동적 순종과 수동적 순종'은 후기 개혁주의 신학의 술어로서, 칼빈은 이를 사용하지 않는다. 폴만(Polman)과 더불어 한스 보스마(Hans Boersma)도 칼빈이 그리스도의 순종을 구체적으로 능동적 순종과 수동적 순종으로 구별하지 않았다고 올바르게 지적했다.[20)] 오히려 보스마는 능동적 순종의 기본 개념을 "부수적인 방식"으로 이해해야 한다고 주장한다.[21)] 그렇다고 해서 칼빈이 후기 개혁주의 신학에서 이런 식으로 구별하여 사용했던 순종의 개념을 배격했다는 것은 아니다. 도리어 칼빈이 후기 개혁주의자들이 시도했던 이런 구별의 본질을 상세히 진술한다는 것이 너무나 명백한 사실이다.[22)] 벌카우어(G. C. Berkouwer)도

---

17) Calvin, *Institutes*, 2.12.3.
18) Ibid., 3.14.21. "우리 구원의 유효적 원인은 아버지 하나님의 사랑에 있고, 질료적 원인은 성자 하나님의 순종에 있으며, 수단적 원인은 성령의 조명하심, 즉 믿음에 있고, 목적적(궁극적) 원인은 하나님의 크신 자비하심의 영광에 있다."
19) Ibid., 3.14. 21.
20) Hans Boersma, *A Hot Pepper Corn*, 221. 비교. Polman, *Onze Nederlandsche Geloofsbelijdenis*, III, 52.
21) Ibid., 221.
22) R. A. Peterson Sr, *Calvin and the Atonement* (Ross-shire: Mentor, 1999), 65. 피터슨은 '그리스도, 순종하시는 둘째 아담'(Christ The Obedient Second Adam)이라는 제목의 4장에서 이 문제를 분명히 제시한다. "

보스마의 이런 결론을 인정한다.

> 이어지는 개혁주의 신학이 그러했듯이, 칼빈은 실제로 전적으로 조화 지향적인 그리스도의 순종의 연합을 대단히 강조했다. 그러나 칼빈의 저작을 보면, 칼빈이 그리스도의 모든 삶을 순종적으로 해석할 때 그리스도의 순종의 이러한 두 가지 측면이 매우 뚜렷하게 나타난다. 칼빈은, 성경이 끊임없이 은혜를 그리스도의 죽음과 관련시키지만, 그렇다고 해서 그리스도의 모든 생애가 순종이라는 것을 부인하지는 않음을 잘 지적했다.[23]

즉, 하나님의 은혜란 그리스도의 십자가 죽음뿐만 아니라 그분의 삶에서 행해진 율법에 대한 완전한 순종을 포함한다는 것이다. 칼빈은 그리스도가 십자가에서 행하신 죽음의 구속적 사역뿐만 아니라 생애 가운데 행하신 완전한 순종 역시 우리의 구원에서 본질적으로 중대한 것으로 여겼다. 칼빈이 고린도전서 1장 30절 주석에서 다음과 같이 말한 것을 보면 이 점이 더욱 분명해진다.

> 바울은 그리스도께서 우리를 위한 우리의 의가 되셨다고 말한다. 이는 그리스도께서 의를 위하여 자신의 죽음과 순종을 우리에게 전가해 주심으로써 우리 죄를 속하셨기 때문에 그리스도의 이름으로 우리가 하나님께 용인되었음을 의미한다. 믿음의 의는 죄의 사면과 무조건적인 받아 주심에 있으므로, 우리는 그리스도를 통하여 그 두 가지를 모두 받는다.[24]

칼빈은 후기 개혁주의 전통에서 사용한 술어, 즉 그리스도의 '능동적' 순종과 '수동적' 순종이라는 용어를 사용하지 않는다. 그러나 칼빈은 이런 용어를 사용하지 않고서도 그리스도의 순종에 대한 후기 개혁주의의 구별을 명확히 설명한다."

23) G. C. Berkouwer, *The Work of Christ* (Grand Rapids: Eerdmans, 1980), 321.
24) John Calvin, *Calvin's New Testament Commentaries*, Vol. 9, ed. David W. Torrance and Thomas F. Torrance, trans. John W. Fraser (Grand Rapids: Eerdmans, 1960), 46.

칼빈은 결코 그리스도의 순종을 그분의 마지막 고난과 죽음으로 한정하거나 제한하지 않는다. 칼빈에 따르면, 우리가 하나님 앞에서 의롭다함을 받는 것은 그리스도의 삶과 죽음의 전체 순종의 전가로 말미암는다. 그리스도는 자신의 백성을 위해 의를 성취하시는 데 능동적으로 순종하셨다. 심지어 십자가에서 돌아가실 때조차도, 비록 고투가 없었던 것은 아니지만, 그리스도는 능동적으로 순종하셨다. 칼빈은 다음과 같이 성경의 실례를 몇 가지 들어 그리스도의 순종의 능동적인 국면을 설명한다.

> 참으로 그리스도의 죽음 그 자체를 통해서도 그리스도의 자원적인 순종은 매우 중대하다. 왜냐하면 만일 자원적으로 순종하여 드린 희생 제사가 아니라면 의를 진전시키지 못했을 것이기 때문이다. 그러므로 그리스도는 "나는 양을 위하여 목숨을 버리노라"(요 10:15)라고 증언하시면서, "누구도 그것을 빼앗지 못하리라"라고 적절하게 덧붙이셨다. 이런 의미에서 이사야 선지자는 "마치 도수장으로 끌려가는 어린양과 털 깎는 자 앞에서 잠잠한 양같이 그의 입을 열지 아니하였도다"(사 53:7; 행 8:32 참고)라고 말한다. 그리고 복음서의 역사는 이 사건을 그리스도께서 그분을 잡으러 오는 군대와 만나는 사건과 연결시킨다(요 18:4 참고). 또한 그리스도는 본디오 빌라도 앞에서 자기를 변호하지 않으셨으며, 한 마디도 하지 않고 심판받기까지 순종하셨다(마 27:12,14 참고).[25]

그렇다면 그리스도는 왜 하나님의 순종적인 종으로 성육신하여 이 땅에서 살고 또한 죽으셨는가? 매우 순전하고 단순하게 대답하자면, 그리스도는 우리

---

25) Calvin, *Institutes*, 3.16.5.

를 대신하여 우리의 자리에서 우리의 구원을 위해 살고 죽으셨다. 그리스도는 자신의 삶과 죽음을 통해 우리를 위한 구원을 완전하고도 완벽하게 성취하셨다. 그리스도는 우리의 대속자로 오셨고 사셨으며 돌아가셨다. 그러므로 그분의 삶과 죽음은 모두 공로적이다. 우리가 의롭다함을 받고 온전히 의로운 자가 되는 것은 전적으로 그리스도의 완전하고도 순종적인 의로 말미암는다. 칼빈은 계속해서 이에 대해 다음과 같이 설명한다.

> 죄의 용서를 설명한 이후, 이어지는 선행이 그들의 공로로 평가되고 있다. 그들 안에 있는 모든 불완전성이 그리스도의 완전하심에 의해 가려진다. 모든 흠과 얼룩은 하나님의 마지막 심판의 날에 의문의 여지가 되지 않도록 그리스도의 정결하심에 의해 깨끗해진다. 그러므로 하나님을 기쁘시게 하는 모든 일을 방해하는 죄책이 제거된 이후, 그리고 상습적으로 선한 행위조차 더럽히는 모든 불완전함의 실책이 사라진 이후, 신자들이 수행한 선한 행위가 모두 의롭다고 간주된다.[26]

따라서 우리는, 칼빈의 신학에서 능동적 순종과 수동적 순종의 개념을 추적할 수 있으나, 다만 그리스도의 순종에 대한 칼빈의 견해가 그리스도의 삶과 죽음 전반에 걸친 철저한 능동적 순종을 매우 강조한다고 결론짓는 바이다.

테오도르 베자(Theodore Beza, 1519-1609)

이쯤에서 베자에게 관심을 기울이는 것이 매우 자연스러운 일일 듯하다. 주

---

[26] Calvin, *Institutes*, 3.17.9.

지하다시피 베자는 칼빈의 신학적 계승자이다. 그리고 베자는 종종 이 용어를 처음 소개하고 도입한 인물로 간주된다. 한스 보스마는 "그리스도의 의의 다양한 국면을 식별하고 구별한" 인물이 바로 테오도르 베자라고 주장한다.[27] 그런데 데이비드 슈타인메츠(David Steinmetz)는 더 나아가 베자가 루터파 신학자인 플라시우스(Flacious)의 저작에서 이런 용어를 발견하고 빌려 왔다고 주장한다. 슈타인메츠는 다음과 같이 밝힌다.

> 칼빈은 비록 죄 용서를 더욱 강조했지만, 칭의를 그리스도로 인한 죄의 용서와 전가로 간주했다. 그러나 베자는 루터파 신학자인 플라시우스의 저작에서 그리스도의 능동적 순종과 수동적 순종을 구별하는 개념을 가져왔다. 그리스도의 능동적 순종은 그의 아버지의 집에서 순종적인 아들로서 하나님의 뜻을 선택하고 실행하는 그리스도의 모든 생애적 삶을 지칭한다. 반면 그리스도의 수동적 순종은 십자가에서 죽기까지 죄인을 위해 행한 그리스도의 자원적인 순종을 지칭한다. 칭의는 그리스도의 수동적 순종에 기초한 죄의 용서이며, 동시에 그리스도의 능동적 순종에 기초한 의의 전가를 의미한다. 칭의가 그리스도의 이중적 순종과 관련되어 있다는 것은, 이어지는 세기의 개혁주의 신학자들이 일반적으로 취하는 입장이 되었다.[28]

우리는 이미 앞에서 베자가 칼빈과 개혁주의 신학으로부터 이탈했다는 클리포드의 비평을 언급했다.[29] 클리포드는 심지어 "윌리엄 커닝햄(William Cunning-

---

27) Boersma, *A Hot Pepper Corn*, 220.
28) David, C. Steinmetz, *Reformers in the Wings*, 118.
29) 본서 들어가는 말의 각주 7,8,9번을 보라. 또한 다음을 참고하라. Basil Hall, *Calvin Against Calvinists*, 19-37.

ham)조차도 베자의 견해가 칼빈에게서 비롯되지 않았다고 보았다"라고 주장한다.[30] 그러나 우리가 이미 앞에서 조사하고 밝혔듯이, 이런 종류의 비판과 비평은 가장 공정하지 못한 것이다. 베자는 칼빈과 마찬가지로 칭의가 죄 용서 이상의 어떤 것이라고 강조했다. 베자에 따르면, 단순한 죄 용서로는 불충분하다. 죄인에게는 죄 용서를 뛰어넘는 적극적인 의가 필요하다. 그러므로 베자는 그리스도가 전 생애를 통해 이루신 율법에 대한 능동적 순종과 죽음을 통해 이루신 수동적 순종이 신자에게 전가되는 의의 기초를 형성한다고 주장한다.[31]

따라서 베자와 칼빈은 본질적으로 동일한 견해를 가지고 있다. 칼빈과 베자의 유일한 차이점은, 그리스도의 능동적 순종과 수동적 순종이라는 용어에 대해 합의하여 사용한 바가 없다는 것이다. 즉, 베자는 이런 구별을 사용한 반면, 칼빈은 이런 구별을 사용하지 않았다. 그러나 이것은 베자가 종교개혁의 신학적 전통을 떠났다는 것을 뒷받침하지도, 칼빈이 칭의를 단순히 죄 용서로 제한했다는 것을 뒷받침하지도 않는다. 우리는 칼빈으로부터 베자의 견해를 추론해 낼 수 있다.[32] 사실상 커닝햄은, 칼빈에게 능동적 순종과 수동적 순종이라는 구분을 제시했다 하더라도 그가 그런 용어를 부정하거나 배격하지 않았을 것이라고 주장한다.[33] 다만 베자는 이 주제에 대해 앞서 언급한 그 어떤 신학자보다도 더 상세히 해설하고 발전시켰다.

---

30) Clifford, *Atonement and Justification*, 171.
31) Theodore Beza, *Tractationes Theologiae* (Geneva, 1570-1582), iii. 248,256; Clifford, *Atonement and Justification*, 171에서 인용됨.
32) 각주 27,28번을 참고하라.
33) William Cunningham, *The Reformers and the Theology of the Reformation* (Edinburgh: The Banner of Truth Trust, 1967), 404. "우리가 받은 용서의 좀 더 직접적인 근거가 된다는 그리스도의 수동적 의와 우리의 받아 주심의 근거가 된다는 그리스도의 능동적 의의 구별은 칼빈의 저작에서 공식적으로 나타나지 않는다…… 그러나 칼빈의 저술 어디를 보더라도, 칼빈에게 이런 구별을 제시했더라면 그가 이런 구별을 부인하거나 배격했을 것이라는 암시를 전혀 발견할 수 없다."

국교회 개혁자들 : 휴 라티머(Hugh Latimer, 1485–1555), 토마스 크랜머(Thomas Cranmer, 1489–1556)

대륙의 종교개혁자들과 마찬가지로, 휴 라티머와 토마스 크랜머 같은 국교회 개혁자들에게서도 죄 용서와 영원한 생명의 효력을 발생시키는 그리스도의 의의 전가 교리를 감지할 수 있다. 휴 라티머의 설교는 우리에게 이 주제에 대한 좋은 실례를 제공한다.

> 우리 구주께서 그것들을 아무것도 아닌 것으로 만드십니다. 우리가 그(그리스도)를 믿을 때, 그리스도는 우리가 마치 전혀 죄가 없는 것처럼 간주하십니다. 왜냐하면 그가 우리를 변화시키시기 때문입니다. 그리스도는 우리로부터 우리의 죄와 악을 취하시고, 우리에게 그분의 거룩과 의와 공의와 율법의 성취, 그리고 그 결과 영원한 생명을 수여하십니다. 그것은 마치 우리가 전혀 죄를 범하지 않았던 것처럼 만드시기 위함입니다. 왜냐하면 그리스도의 의가 마치 우리가 계명을 모두 성취한 것처럼 우리를 위한 의가 되기 때문입니다.[34]

이런 경향으로 볼 때, 영국의 선도적인 종교개혁자 라티머가 그리스도의 실재적이고도 적극적인 의의 전가를 주장했다는 것은 명백하다. 죄인들은 바로 이러한 위대한 교환으로 인해 완전히 의로운 자들로 간주된다. 이러한 이유로 라티머는 "그리스도를 믿기 위해 유심히 그분을 숙고합시다. 우리의 더러운 넝

---

34) Hugh Latimer, *Sermons of Hugh Latimer* (the Parker Society: Cambridge University Press, 1844), 33; Vanbrugh Livingston, *An Inquiry into the Merits of the Reformed Doctrine of Imputation as Contrasted with those of Catholic Imputation*, 3에서 인용됨.

마 조각을 그리스도의 의에 덧대지 맙시다"[35]라고 말했다. 그리고 그 모든 일이 "오직 그리스도께서 하신 일이기 때문"[36]이라고 덧붙였다.

다른 모든 종교개혁자들과 마찬가지로, 크랜머도 죄인들이 그리스도의 의의 전가로 말미암아 의롭게 된다는 사실을 강조한다. 그리스도의 의는 우리의 의의 근거이다. 그렇다면 크랜머가 말하는 그리스도의 의란 무엇인가? 그것은 그리스도의 삶과 죽음의 공로, 즉 십자가에서 이루신 그리스도의 죽음의 공로뿐만 아니라 그분의 모든 삶의 공로를 포함한다. 크랜머는, 좁은 의미로 볼 때 그리스도의 공로를 두 가지로 이해했다. 종종 그리스도의 속죄의 값이라고 불리는 속전가(ransom price), 또는 그리스도의 의가 바로 그것이다. 크랜머는 이에 대해 다음과 같이 설교한다.

> 그러나 칭의는 하나님의 순전한 자비로 말미암아 무조건적으로 옵니다. 하나님의 이 위대하신 자비는 온 세상이 결코 되갚을 수 없는 무조건적인 자비입니다. 이것은 무한한 자비로서, 결코 받을 자격이 없는 우리를 위해 그리스도의 살과 피라는 귀중한 보석을 주신, 하늘에 계신 우리 하나님 아버지를 기쁘시게 하는 자비입니다. 이 자비로 말미암아 우리를 위한 속전가가 지불되고, 모든 율법이 성취되며, 하나님의 공의가 완전히 만족됩니다. 따라서 그리스도는 이제 진심으로 그분을 믿는 모든 자들을 위한 의가 되십니다. 그리스도는 그들을 위해 자신의 죽음을 통해 속전가를 지불하셨습니다. 그리스도는 그들을 위해 자신의 삶을 통해 율법을 성취하셨습

---

[35] Livingston, *An Inquiry into the Merits of the Reformed Doctrine of Imputation as Constrasted with those of Catholic Imputation*, 5.

[36] Ibid., 5. 또한 라티머는 설교자들을 향해 다음과 같이 권면한다. "설교자는 반드시 자신의 교구민들이 바울이 말하는 믿음, 곧 그리스도를 받아들이고 그분의 공로를 신뢰하게 만드는 '올바른 믿음'을 가지도록 부단히 노력해야 합니다."

니다. 따라서 이제 그리스도 안에서, 그리고 그리스도로 말미암아 모든 참된 그리스도인들이 율법의 성취자로 불릴 수 있습니다. 그들이 너무나 연약하고 의가 결핍되어 있기 때문에 그리스도의 의가 그것을 대신 채워 주신 것입니다.[37]

위의 설교에서 매우 인상적인 점은 크랜머가 의심할 여지 없는 결정적인 용어를 사용하고 있다는 것이다. "그리스도는 그들을 위해 자신의 죽음을 통해 속전가를 지불하셨습니다. 그리스도는 그들을 위해 자신의 삶을 통해 율법을 성취하셨습니다." 그러므로 루터와 더불어 크랜머의 설교에서도 그리스도의 삶과 죽음을 통한 완전한 순종의 전가가 매우 분명하게 드러난다 할 것이다.

이 외에도 칼빈과 동시대를 살았던 인물들 가운데 한 사람인 피터 버미글리(Peter M. Vermigli, 1499-1562)도 그리스도의 의의 전가 교리를 다음과 같이 확증한다.

이를 통해 우리는 우리가 의롭다함을 받는다고 알려진 그 의가 우리의 마음에서 나오는 것이 아니라 하나님에 의해 전가되는 것일 뿐만 아니라, 행위에서 말미암는 것이 아니라 오직 하나님의 자비하심으로 구성된 전가라는 사실을 추론할 수 있다.[38]

프란시스 튜레틴(Francis Turretin, 1623-1687)은 이 문제에 대해 좀 더 인상적

---

37) Thomas Cranmer, *Miscellaneous Writings and Letters of Thomas Cranmer* (the Parker Society: Cambridge University Press, 1846), 130. 이 주제에 대한 국교회의 접근에 관한 더 상세한 논의에 대해서는 다음을 참고하라. Peter Toon, *Justification and Sanctification* (London: Crossway Books, 1983), 89-101.
38) Peter M. Vermigli, *Predestination and Justification*, ed. trans. Frank A. James III (Kirksville: Truman State University Press, 2003), 100.

인 주장을 펼치며, 종교개혁자들과 청교도들의 노선을 철저히 따른다. 튜레틴 역시 그리스도의 삶과 죽음에 나타난 그리스도의 의를 우리가 받은 칭의의 근거와 공로적 원인으로 평가한다. 튜레틴은 다음과 같이 주장한다.

> 하나님의 본질적인 속성으로서의 이 의는 우리가 신이 되는 일이 없이는 우리에게 주관적으로, 그리고 형식적으로 전달될 수 없다. 그리고 성경의 모든 곳에서 말하는 바 우리에게 전가되는 의로서의 그리스도의 의는, 율법의 요구를 만족시키고 율법을 완전히 성취한 그리스도의 삶의 순종과 죽음의 고난을 지칭한다. 우리에게는 가치와 공로의 측면에서 본질적으로 무한하고도 막대한 의가 필요했다. 만일 그리스도께서 '여호와 우리의 의'가 되시고, 하나님 아버지에 의해 우리에게 의가 되신다면, 그것은 그리스도의 본질적인 의를 지칭하는 것이 아니라 의를 위해 우리에게 전가되는 순종을 지칭하는 것이다. 우리는 이것을 하나님의 의라고 부른다. 왜냐하면 그것이 신적인 분께 속했으며, 따라서 그 가치가 무한하고 하나님을 한없이 기쁘시게 하며 하나님이 받으실 만한 만족스러운 의가 되기 때문이다. 그렇다면 우리가 이해하는 이 의는 그리스도의 죽음뿐만 아니라 그분의 삶을 통해 나타난, 그리고 수동적일 뿐만 아니라 능동적인, 그리스도의 온전하고도 완전한 순종인 것이다.[39]

튜레틴에 따르면, "그리스도의 순종은 두 가지 효력, 즉 만족과 공로라는 효력"을 지닌다.[40] 튜레틴이 대속과 만족에 대한 소시니안의 견해를 비판하는 데

---

39) Francis Turretin, *Institutes of Elenctic Theology*, Vol. 2, ed. James T. Dennison Jr, trans. George Musgrave Giger (Phillipsburg: Presbyterian & Reformed Publishing, 1994), 650-651.
40) Ibid., 447.

서 잘 드러나듯이, 그리스도의 만족을 그리스도께서 우리를 위하여 견뎌 내신 고난과 형벌로만 국한해서는 안 된다. 오히려 그것을 "그리스도의 전 생애를 통해 율법과 계명을 완전히 성취하신 그분의 능동적 순종"으로까지 확대해야 한다.[41] 튜레틴은, 완전한 순종 또는 순종의 전체적 범위로서의 그리스도의 능동적 순종과 수동적 순종을 우리의 칭의에 없어서는 안 될 필수 요소로 여겼다.

---

41) Ibid., 445. "그러나 하나님 앞에서 의를 위해 우리에게 전가하시는 그리스도의 만족에는 그리스도께서 자신의 삶 또는 죽음을 통해 견뎌 내신 고난뿐만 아니라 자신의 전 생애에 걸쳐 이루신 순종 또는 그리스도께서 우리를 대신하여 율법의 요구를 완전히 성취하신 의롭고도 거룩한 행위들까지도 기꺼이 포함된다는 것이 오늘날의 일반적인 견해이며, 우리 시대의 교회가 받아들이는 견해이다. 그러므로 이 두 가지를 통해 우리 구속의 풍성하고도 안전한 가치가 흘러나오는 것이다."

대표적 청교도들

　지금까지 그리스도의 완전한 순종의 전가 교리에 대한 대륙의 종교개혁자들의 견해와 국교회 개혁자들의 견해를 살펴보았다. 이제 16세기 후기와 17세기의 청교도들의 견해를 살펴보자.

　기본적으로 청교도들은 죄인이 그리스도의 전가된 의로 말미암아 의롭다함을 받는다는 종교개혁자들의 견해와 동일한 노선을 견지한다. 그러나 종교개혁자들과는 달리, 청교도들은 그리스도의 순종을 확실히 능동적 순종과 수동적 순종으로 세밀하게 구별했고, 여러 경우를 통해 이 견해를 좀 더 대담하게 표현했다. 종교개혁자들이 '그리스도의 수동적 순종과 능동적 순종'이라는 용어를 도입하지 않은 반면, 청교도들은 이 용어를 분명하게 사용했다. 청교도들이 그리스도의 능동적 순종을 그분의 수동적 순종과 분명히 나누어지는 독립적인 행위 또는 국면으로서 분리했는지는 확실하지 않다. 그리스도의 능동적 순종과 수동적 순종을 구별하는 것과 그것을 분리하는 것은 전혀 다른 문제이다. 이

점에 대해서는 3부에서 좀 더 상세하게 다룰 것이다. 여기에서는 청교도들이 일반적으로 그리스도의 능동적 순종을 그분의 전체 순종을 포함하는 총괄적인 개념으로 높이 평가했다는 점을 말하고자 한다. 그러나 그리스도의 순종에 대한 청교도들의 견해를 좀 더 상세히 연구하면 연구할수록, 그들이 단순히 죄의 사면만으로는 죄인을 의롭게 할 수 없다고 보았음이 점점 명백해진다. 죄인의 의를 구성하는 것은 다름 아니라 그리스도의 능동적 순종이다. 바로 이것이 청교도들이 죄의 사면을 적극적인 의의 전가와 구별한 이유이다. 그러므로 우리는 종교개혁자들의 신학에 암시된 그리스도의 능동적 순종과 수동적 순종이 청교도 신학에서 매우 잘 구현되고 구체적으로 설명된다고 결론 내릴 수 있을 것이다.

앞으로 더 살펴보겠지만, 16세기 후반과 17세기 전반에 걸쳐 많은 청교도들이 그리스도의 능동적 순종의 전가 교리를 열정적으로 진술하였다. 특별히 이 책에서 다룰 이 시기의 주요 청교도들 열한 명은 이 교리를 더욱 상세히 묘사하였다. 그들은 바로 존 오웬, 윌리엄 퍼킨스, 데이비드 클락슨(David Clarkson), 토마스 왓슨, 리처드 십스(Richard Sibbes), 토마스 브룩스(Thomas Brooks), 존 번연, 토마스 굿윈(Thomas Goodwin), 오바댜 그류(Obadiah Grew), 로버트 트레일, 그리고 랄프 로빈슨(Ralph Robinson)이다.

이 가운데 가장 저명하고 두드러진 인물은 다름 아닌 존 오웬이다. 오웬은 당시 유행했던 여러 종류의 논쟁의 중심에 서 있던 인물이다. 따라서 대표적인 청교도들 중 한 사람으로서 가장 먼저 존 오웬을 자세히 살펴보는 것이 대단히 필요한 일일 것이다. 다만 지면의 한계로 연구의 범위를 영국의 청교도들로 한정하고자 한다.

존 오웬(John Owen, 1616-1683)

존 오웬은 어려서부터 청교도적 전통 속에서 자라났으며, 특별히 로마 가톨릭 주의자들의 작품을 연구했고, 알미니안주의와 소시니안주의뿐만 아니라 신율법주의와 율법폐기론주의에도 정통했던 대단한 학자였다. 오웬은 1616년 당시 비국교도(nonconformist)였던 헨리 오웬의 아들로 태어났다. 그리고 "어려서부터 줄곧 비국교도였던 아버지 헨리 오웬의 보살핌 속에서 성장했다."[1] 런던 신학교 역사신학 교수인 로버트 올리버(Robert W. Oliver)는 "1660년 이전에 '비국교도'라는 용어는 당시 국교회에 남아 있었으나 『공동기도서』(the Book of Common Prayer)의 몇몇 항목들을 의도적으로 무시함으로써 그가 '교황적 미신'이라고 믿었던 것을 피하고자 했던 국교회 성직자를 묘사하는 말이었다"라고 설명한다.[2] 그러므로 아마 오웬도 아버지로부터 '비국교도의 정신'을 물려받았을 것이다. 오웬은 이어 옥스퍼드 대학에서 공부했고, 거기서 1632년에 학사 학위를, 1635년에 석사 학위를 취득했다. 그 후에야 오웬은 신학 학사(B. D.) 공부를 시작했다. 그 과정에 오웬은 영국과 대륙의 개혁주의 신학을 광범위하게 연구하게 되었다.[3] 따라서 오웬이 로마 교회와 알미니안주의 논쟁에 대해 상세히 연구할 수 있었던 것은 매우 자연스러운 일이었다. 비국교도인 아버지에게서 큰 영향을 받았을 뿐만 아니라 옥스퍼드 대학에서 에드워드 실베스터(Edward Sylvester)와 토마스 발로(Thomas Barlow)의 지도를 받아 폭넓은 연구 활동을 펼침으로써, 존 오웬은 당시 개혁주의 신앙의 위대한 변증자와 수호자로서 준비되

---

1) Owen, 13:224; Robert W. Oliver, *John Owen: The Man and His Theology* (Evangelical Press, 2002), 12에서도 인용됨. 다음을 참고하라. Peter Toon, 23; Andrew Thompson, *Prince of Puritans John Owen* (Ross-Shire: Mentor, 1996), 12; Sinclair Ferguson, *John Owen on the Christian Life* (Edinburgh: The Banner of Truth Trust, 1987), 1-19.

2) Robert W. Oliver, *John Owen: The Man and His Theology*, 12.

3) Ibid., 13.

였고, 청교도의 황태자로 준비될 수 있었다.

그러나 오웬은 하나님 앞에서 자신의 죄책과 고통으로부터 구원받기까지 오랫동안 죄인으로 고통을 받았다. 어느 날, 오웬은 친구와 함께 유명한 설교자 에드먼드 칼라미(Edmund Calamy)의 설교를 듣기 위해 성 메리 알더맨버리 교회당(St. Mary Aldermanburry Chapel)을 방문했다. 그러나 실망스럽게도 에드먼드 칼라미는 자리를 비웠고, 이름 모를 설교자가 강단에 올라갔다. 그러자 오웬과 친구는 또 다른 훌륭한 설교자를 찾으러 예배당을 떠나려고 했다. 그런데 바로 그때, 하나님의 섭리로 말미암아 오웬과 친구는 메리 알더맨버리 교회에 남았고, 그 이름 모를 설교자의 기도와 설교를 듣게 되었다.[4] 그런데 놀랍게도 그의 설교가 오웬을 강력하게 사로잡았다. 오웬의 영혼을 옭아맸던 죄의 짐이 떨어져 나갔고, 오웬은 자신이 영원히 구원받았음을 확신했다.[5] 오웬은 이러한 구원의 확신을 시작으로 참된 종교의 심장을 온전히 경험했으며, 좀 더 광범위하고 훌륭한 사역을 위해 준비되었다. 이것은 존 오웬 자신뿐만 아니라 오웬의 칭의 교리와 그리스도의 의의 전가 교리에도 아주 중요한 역할을 하게 된다. 제임스 패커가 잘 지적하듯이, "칭의는 오직 죄를 깨닫고 각성하고 계몽된 사람의 양심만이 인식할 수 있는 영적 신비이다."[6] 오웬 자신도 독자들에게 이 점을 잘 말하고 있다.

---

4) 올리버와 톰슨(Thompson)은 모두 당시 오웬이 긴 여행으로 너무나 지쳤기 때문에 이 칼라미의 교회당에 남았다고 설명한다. 한편 툰은 이에 대해 아무것도 언급하지 않는다. 참고. Oliver, *John Owen: The Man and His Theology*, 14; Thompson, *Prince of Puritans John Owen*, 25; Toon, *God's Statesman: The Life and Work of John Owen* (Grand Rapids: Zondervan, 1973), 13. 다만 툰은 오웬과 친구가 염두에 두었던 또 다른 훌륭한 설교자가 성 미카엘 채플(St. Michael Chapel)의 아더 잭슨(Arthur Jackson)이었을 것이라고 말한다. 참고. Toon, 13.

5) 오웬의 이 회심 사건에 대해서는 다음을 참고하라. Andrew Thompson, 17-26. 톰슨은 이 책에서 오웬의 『시편 130편 주석』이 존 번연의 『천로역정』이나 마틴 루터의 『갈라디아서 주석』 개론과 같이 고통스러운 시간들의 결과물이라고 흥미롭게 주장한다.

6) Packer, *A Quest For Godliness*, 150.

이것은 배교적인 상태로 인한 저주로부터 구원받기 위해 예수 그리스도로 말미암아 하나님께로 향하게 만드는 인간의 양심을 향한 하나님의 실제적인 간섭과 지도이다. 이를 통해 그들은 하나님과 함께 평화를 누리고, 거기서 하나님을 향한 보편적인 복음적 순종이 발생한다. 오직 이것은 이 교리를 다루기 위해 의도된 바이다. 그러므로 이것을 올바르게 다루려면, 자신이 말하고자 하는 모든 것이 자기 마음과 경험에 있어야만 하며, 그것을 반드시 심각하게 고찰해야 한다. 즉, 자신의 마음 가장 깊숙한 곳, 하나님을 향한 밀접한 교제, 뜻밖의 위험 앞에서의 충격과 놀람, 깊은 고통, 죽음의 준비, 그리고 하나님과 사람 사이에 존재하는 무한한 간격에 대한 가장 겸손한 묵상 등을 진지하게 살펴야 한다. 또한 자신의 마음에 존재하지 않는 것을 다른 사람들에게 감히 제안해서는 안 된다. 칭의 교리에 대한 여러 다른 개념들과 논쟁들이 앞서 언급한 이런 요소들과 조미되지 않는다면, 아무리 그럴듯한 솜씨와 언어로 어떤 이들의 기호를 만족시킨다 할지라도, 그것은 맛이 없고 아무짝에도 쓸모없어질 것이며, 그 즉시 무익한 언어의 논쟁으로 변질될 것이다.[7]

실제로 이렇게 갑작스럽게 이루어진 회심의 경험이 훗날 오웬이 능숙하게 칭의 교리와 전가 교리에 대해 저술하는 데 큰 도움을 주었을 것이다.

앞으로 살펴보겠지만, 오웬은 칭의 교리를 기독교 신앙의 주요 요점으로 보았으며, 칭의 교리의 핵심이 그리스도의 삶과 죽음을 통한 완전한 순종의 전가에 있다고 보았다. 오웬은 전가를 칭의 교리를 전개하는 데 치명적으로 중대한 요소로 보았다. 오웬이 자신의 저작에서 설명하는 전가는 순전한 은혜와 은총

---

[7] Owen, 5:4; Packer, A Quest for Godliness, 150-151.

의 전가이다. 종교개혁자들과 동일한 노선에 서 있는 오웬은 그것이 주입된 의(infused righteousness)가 아니라 전가된 의(imputed righteousness)라고 확신했다. 오웬은 전가 교리를 더할 나위 없이 훌륭하게 묘사한다. 그의 묘사를 들어보자.

> 이것은 만유 가운데 그의 아버지의 뜻을 성취하신 그리스도의 의이며 순종이다. 한편, 우리의 불의는 우리의 불순종이자 하나님의 계명을 위반한 우리의 범죄이다. 그러나 우리의 의가 그리스도의 순종 안에 있기 때문에, 그것으로 인해 우리는 그리스도와 하나가 된다. 그리스도의 순종이 마치 우리의 소유인 것처럼 우리에게 전가된 것이다. 그로 말미암아 우리는 의로운 자들로 간주된다.[8]

그러나 오웬은 바로 여기서 이중적 전가(double imputation)의 필요성에 우리의 관심을 집중시킨다. 오웬이 말하는 이중적 전가란 '죄의 무전가'와 '그리스도의 의의 전가'이다.[9] 오웬에 따르면, 그리스도는 우리를 대신하여 우리의 죄를 짊어지셨을 뿐만 아니라, 우리의 의를 위해 모든 율법과 계명에 온전히 순종하셨다. 오웬은, 이런 특별한 의미에서 볼 때 단순한 죄의 사면은 우리의 칭의를 위한 완전한 요소일 수 없다고 보았다. 우리의 구원을 위해서는 좀 더 적극적인 의가 필요하다. 적극적인 의의 전가가 없이 그저 단순한 죄의 용서만으로는 죄인을 의롭거나 거룩하게 만들지 못한다. 따라서 죄인이 의롭게 되려면,

---

[8] Owen, 5:39.
[9] Ibid., 251. 특별히 오웬은 그리스도의 능동적 순종의 전가 또는 의의 전가에 관해 다음과 같이 진술한다. "우리가 하나같이 죄를 범했기 때문에 주 예수 그리스도께서 우리의 보증자(surety)로서 우리를 위해 율법의 형벌을 당하셔야만 했다면, 또한 우리의 보증자가 되시는 그리스도께서 반드시 우리를 위한 계명의 교훈적 부분에 순종하는 일도 필요할 것이다. 그리고 하나님 앞에서 우리의 칭의를 위해 우리를 위한 전자의 전가가 필요하다면, 후자의 전가 역시 동일한 결과와 목적을 위해 반드시 필요할 것이다."

이 적극적인 의로 말미암는 영원한 생명에 대한 권리를 취득해야만 한다. 바로 이것이 그리스도께서 자신의 전 생애를 통해 이루신 완전한 순종으로 성취하신 바이다. 그러므로 오웬은 다음과 같이 말한다.

> 우리의 죄책을 제거하는 것, 또는 우리의 더러운 넝마를 제거하는 것, 이것은 그리스도의 죽음을 통해 이루어진다. 따라서 죄의 사면은 그리스도의 죽음에 합당한 열매이다. 그러나 그 이상의 것, 즉 영원한 생명을 얻을 권리에 상응하는 의가 요구된다. 이것은 "의복의 교환"이라고 불린다. 성경은 이사야 61장 10절에서 이것을 가리켜 "구원의 옷"과 "의의 옷"이라고 칭한다. 그런데 죄의 사면이 그리스도의 죽음을 통해 이루어지듯이, 이 옷은 오직 그리스도의 순종으로만 우리의 것이 된다.[10]

그러므로 오웬은, 죄의 사면이 그리스도의 수동적 순종으로 말미암아 성취되고, 영원한 생명에 대한 권리가 그리스도의 능동적 순종으로 말미암아 확보된다고 분명히 밝힌다.

그러므로 그리스도의 순종은 명백히 그리스도 자신을 위한 것이 아니라 죄인들을 위한 것이다.[11] 따라서 그리스도는 "우리를 위해 사셨고 우리를 위해 죽으셨다. 그리스도는 그분이 행하신 모든 일과 당하신 모든 고난을 통해 우리의 것이 되셨다."[12] 특히 그리스도는 우리를 위해, 우리를 대신하여 모든 율법에 순종하셨다. 그렇다면 그리스도는 왜 우리를 위해 모든 율법에 순종하셨는가? 오웬은 이에 대해 다음과 같이 대답한다.

---

10) Owen, 2:164.
11) Ibid., 162.
12) Ibid., 165.

그것은 모두 다음과 같은 목적을 이루기 위함이다. "우리 안에서 율법의 의가 성취되게 하기 위함이다." 다시 말해, 율법이 우리에게 요구하는 바 순종의 의무를 성취하기 위함이다. 바로 이것을 그리스도께서 성취하신 것이다……그러므로 "그리스도의 이 능동적 순종은 그분 자신의 죽음과 죄를 제거하기 위해 설계된 것이 아니다."[13]

어떤 이들은 오웬이 『웨스트민스터 신앙고백서』에 표현된 그리스도의 순종을 『사보이 선언』을 통해 수정했으며, '종교개혁자들의 칭의와 전가'를 왜곡했다고 주장하기도 한다. 심지어 종종 마지막 청교도라고 불리는 조나단 에드워즈조차도 청교도적인 이분법을 신랄하게 비판하기도 한다. 왜냐하면 에드워즈는 이것이 도덕적 방종이나 율법주의를 양산하는 문을 열어 주는 형국이 될 것이라 믿었기 때문이다.[14] 언뜻 이런 비판들은 정당하게 보인다. 그러나 실상은 그들의 주장이 정확하지 않을지도 모른다. 비록 오웬이 그리스도의 순종을 능동적 순종과 수동적 순종으로 명확히 구별하고, 『사보이 선언』에서 그들의 모든 행위와 유일한 의를 위한 "전체 율법을 향한 그리스도의 능동적 순종과 그의 죽음을 통한 수동적 순종"이라는 표현을 사용하기는 했지만, 그가 이 표현에 전적으로 만족한 것은 아닌 듯하다. 또한 놀랍게도 오웬은 "그리스도의 능동적 순종과 수동적 순종을 구별하는 것에 대한 논쟁에 말려들기를 원하지 않았다."[15] 다만 오웬은 그리스도의 전체 순종과 관련하여 능동적 순종의 요소를 좀 더 강조했다. 오웬은 계속되는 칭의 교리에 대한 자신의 저작에서 다음과

---

13) Ibid., 160.
14) 에드워즈의 칭의론의 상세한 논의에 대해서는 다음을 참고하라. Kang, Kevin Woongsan, *Justified by Faith in Christ: Jonathan Edwards' Doctrine of Justification in the Light of Union With Christ*, Ph. D. diss., Westminster Theological Seminary, 2003.
15) Owen, 5:523.

같이 말한다.

> 왜냐하면 그리스도께서 영원한 하나님의 영의 도우심을 통해 그분 자신을 하나님께 드릴 때, 그 고난을 통해 최상의 능동적 순종을 나타내셨기 때문이다. 그리고 그리스도의 인격을 고찰할 때 그분의 모든 순종은 그분의 비하와 수치의 한 부분으로서의 고난과 섞여 있다. 히브리서 기자는 "그가 아들이시라도 받으신 고난으로 순종을 배워서"라고 기록한다.[16]

그러므로 오웬의 경우, 그리스도께서 받으신 고난을 실질적으로 그분의 능동적 순종으로 보았다고 말할 수 있다. 오웬의 주된 관심사는 그리스도께서 자신의 삶과 죽음을 통해 이루신 완전한 순종의 연합에 있었다. 칼빈이 그랬던 것처럼, 오웬도 그리스도의 완전한 순종을 매우 강조했다. 따라서 오웬 역시 전가된 그리스도의 의로 말미암는 칭의 교리에 관한 한, 종교개혁자들과 같은 노선을 취하는 것이 분명하다.

윌리엄 퍼킨스(William Perkins, 1558-1602)

클리포드는 존 오웬이 최초로 그리스도의 능동적 순종과 수동적 순종을 뚜렷하게 구별했다고 추정한다.[17] 그러나 이것은 그저 추측일 뿐이다. 왜냐하면 오웬보다 훨씬 이전 시대에 살았던 윌리엄 퍼킨스의 저술에도 이미 이런 개념이 등장하기 때문이다. 퍼킨스의 작품을 통해 우리는 죄인을 위한 그리스도의 능

---

16) Ibid., 253-254. 참고. 2:163. "화법에서 이런 표현, 즉 수동적 순종이라는 표현이 존재한다는 것은 분명히 입증될 수 없다. 단순 어법으로 보면, 순종은 수난과 고난이 속할 수 없는 행함이기 때문이다. 일반적으로 고통을 당해야 비로소 순종한다고 한다. 그러나 본래 순종이란 그런 것이 아니다."

17) Clifford, *Justification and Atonement*, 12.

동적 순종과 수동적 순종에 대한 그의 이해를 추적할 수 있다.

윌리엄 퍼킨스는 1558년 워위크셔(Warwickshire)에서 출생했으며, 1577년 케임브리지(Cambridge)에 있는 크라이스트 대학(Christ's College)에 입학했다. 그곳에서 퍼킨스는 문학 석사 학위(M. A.)를 받고, 성 앤드류 대학의 강사로 자신의 경력을 시작한다. 퍼킨스는 주요 청교도들 가운데 한 사람으로서뿐만 아니라, 칼빈주의 신학을 조직적이고도 체계적으로 발전시킨 인물로서도 매우 중요하다. 『황금 사슬』(A Golden Chain)로 잘 알려진 퍼킨스의 작품은 언약을 주요 주제로 다루었으며, 그리스도의 능동적 순종과 수동적 순종의 전가에 관한 퍼킨스의 견해를 올바로 이해하는 데 본질적 배경이 된다.

퍼킨스는 죄인의 칭의를 언약적 맥락(covenantal context)에서 제시한다. 퍼킨스는 언약을 두 종류로 이해했는데, 곧 행위 언약과 은혜 언약이다. 그는 행위 언약을 다음과 같이 설명한다.

> 행위 언약이란 완전한 순종을 조건으로 맺어진 도덕법에 표현된 하나님의 언약이다. 도덕법이란 자신의 행위뿐만 아니라 본성과 관련해서도 사람에게 완전한 순종을 명령하신 하나님의 말씀의 일부이다. 그리고 그 도덕법과 반대되는 행위를 금하는 법이다……율법에는 두 부분이 있다. 즉, 순종을 명령하는 법령과 그 순종의 행위가 따르는 조건이다. 율법을 모두 성취하는 자에게는 영원한 생명이 주어진다. 그러나 그것을 위반하여 범죄하는 자에게는 영원한 사망이 주어진다.[18]

아담은 행위 언약 아래 있었고, 그것을 성취하는 데 실패했다. 그래서 그리스

---

18) William Perkins, *The Works of William Perkins* (London: John Legatt, 1626), 1:32.

도께서 둘째 아담으로서 이 언약을 성취하기 위해 육신의 몸을 취하여 이 땅에 오셨다. 그러므로 퍼킨스가 볼 때, 성육신은 죄인의 구원을 위해 가장 필요한 요소였다. 퍼킨스가 "성육신하신 그리스도께서 오직 우리를 위하여 율법에 완전히 순종하셨다"라고 주장한 것도 바로 이런 맥락에서였다.[19] 실상 그리스도는 자신을 위해 순종하거나 공적을 쌓을 필요가 전혀 없는 완전한 분이시다. 따라서 그리스도가 행하신 순종과 그 결과로서의 공로와 공적은 모두 철저하게 신자를 위한 것이다. 퍼킨스에 따르면, 그리스도의 이 완전하고도 풍성한 순종이 교환적 전가, 즉 상호적인 전가를 통해 우리의 것이 된다. 퍼킨스는 "칭의의 형태는 교환적 전가 또는 상호적인 전가를 통해, 마치 신자의 죄가 그리스도에게로, 그리고 그리스도의 의가 신자에게로 평행 이동하는 것과 같다"라고 말한다.[20] 퍼킨스에 따르면, 그리스도의 순종은 "하나님 안에 있다는 의미에서가 아니라 하나님에게 속했다는 의미에서, 하나님의 의 또는 그리스도의 의라고 불린다."[21] 칭의와 구원에 관해 퍼킨스는, 인간의 부패하고 타락한 상태로 볼 때 단순한 죄의 사면으로는 충분하지 않다는 점을 잘 인식하고 있었다. 이에 대해 그는 다음과 같이 주장한다.

> 인간의 완전한 상태에 대해 하나님의 공의는 오직 순종만을 요구하신다. 그러나 인간의 타락한 상태에 관한 한, 하나님은 순종과 형벌을 모두 요구하신다. 율법을 위반했을 때는 형벌이 따르는 것이다. 그리고 법적 공의가 수행되려면 순종이 필연적인 것이다(갈 3:10 참고). 그러므로 그리스도의 수

---

[19] Ibid., 81. "어떤 이들이 잘못 이해하고 있는 것처럼 이는 그리스도 자신을 위한 것이 아니었다……그리스도는 자신을 위해 아무런 공덕도 쌓지 않으셨다. 소위 충성스럽고 신실한 자라고 불리는 우리를 위해 그리스도께서 율법의 모든 의를 성취하신 것이다. 바로 이 점에서 그분은 곧 모든 믿는 자에게 율법과 의의 마침이 되신다."
[20] Ibid., 82.
[21] Ibid.

난뿐만 아니라 그분의 법정적 순종도 하나님 앞에서 우리의 의가 되는 것이 명백하다.[22]

이런 의미에서, 퍼킨스에게 칭의란 "두 부분, 즉 죄의 사면과 그리스도의 의의 전가"로 구성된다.[23] 또 다른 곳에서 퍼킨스는 이렇게 진술한다.

> 칭의는 두 가지 안에 존재한다. 첫째는 그리스도의 죽음을 통한 공로로 말미암는 죄의 사면이고, 둘째는 그리스도의 의의 전가이다. 그리스도의 의의 전가는 하나님의 또 다른 의의 행위이다. 이를 통해 하나님은 그리스도 안에 있는 의를 그분을 믿는 신자에게 전가하시고, 그것을 그의 것으로 인정해 주신다.[24]

하나님 앞에서 사람을 올바르게 서게 하며 영원한 생명을 얻기에 합당하게 하는 문제에 대해, 퍼킨스는 "부분적으로는 그리스도의 고난에, 또 부분적으로는 율법 전체를 성취하시는 그분의 능동적 순종에 존재하는 그리스도의 의밖에 없다"라고 단언한다.[25] 여기서 퍼킨스가 그리스도의 죽음에서 절정에 이르는 그분의 고난을 수동적 순종과 동일시하며 율법의 성취를 능동적 순종과 동일시하는 것처럼 보인다. 그러나 좀 더 신중하게 살펴보면, 퍼킨스가 존 오웬과 마찬가지로 그리스도의 수동적 사역에 나타난 순종의 능동적 성질을 강조한다는 점을 인식할 수 있다. 퍼킨스는 다음과 같이 확증한다.

---

22) Ibid., 81.
23) Ibid.
24) Ibid., 567.
25) Ibid.

그리스도와 그분의 의에 대해 우리는 두 가지를 이해해야만 한다. 첫째는 그리스도의 수난과 죽음에 나타난 그분의 고난이다. 둘째는 율법을 성취하시는 데서 드러난 그분의 순종이다. 이 둘은 함께 간다. 그리스도는 고난을 통해 순종하셨고, 순종을 통해 고난받으셨다. 따라서 우리의 구원을 향한 그리스도의 순전한 피 흘리심은 단순히 수동적으로, 즉 고난당하심으로만 간주되어서는 안 된다. 즉, 그것은 능동적인 것, 즉 하나님 아버지와 우리를 향한 그리스도의 지극한 사랑을 나타내심으로써 우리를 위해 율법을 성취하신 순종이기도 하다.[26]

그러므로 퍼킨스의 견해에 따르면, 전체 율법에 대한 그리스도의 성취뿐만 아니라 우리의 칭의와 구원을 위한 그리스도의 고난과 죽음도 그리스도의 최상의 능동적 순종이라고 결론 내릴 수 있을 것이다.

데이비드 클락슨(David Clarkson, 1622-1686)

우리가 다음으로 관심을 기울여야 할 청교도는 데이비드 클락슨이다. 클락슨은 1622년에 요크셔(Yorkshire)에 있는 브래드포드(Bradford)에서 출생했다. 그는 1645년에 케임브리지 대학을 졸업하고, 이후 1686년에 생을 마감할 때까지 평생을 목회 사역에 헌신했다. 클락슨은 존 오웬의 동료이자 런던에서 오웬을 계승한 인물로 가장 잘 알려져 있다. 오웬의 강단을 이어받은 인물 역시 다름 아닌 클락슨이었다.

---

[26] Ibid. 참고. 186. "수난의 목적은 하나님께서 그분의 공의와 자비를 창조를 통해 나타내신 것보다 좀 더 충분히 나타내시기 위함이다. 즉, 하나님과 사람 사이의 화목을 나타내시기 위함이다. 그리고 이런 점에서 수난이 율법을 성취하시는 그리스도의 능동적 순종과 연결되어 있음에 주목하라. 왜냐하면 그리스도는 고난을 통해 순종하시고, 순종을 통해 고난받으셨기 때문이니라."

오웬과 마찬가지로, 클락슨도 그리스도의 수동적 순종이 그분의 고난과 죽음이며[27] 그리스도의 능동적 순종이 우리의 의를 위해 반드시 요구되는 바 전체 율법을 완전하게 성취하신 것이라고 보았다.[28] 클락슨에 따르면, 그리스도의 능동적 순종은 우리의 칭의를 위한 공로를 생산한다. 이런 측면에서 클락슨은 그리스도의 능동적 순종의 공로를 부인하는 자들을 서슴지 않고 날카롭게 비판한다.

> 나는 그리스도의 능동적 순종의 공로를 부정하는 개신교 신학자들이 있다는 사실에 유감을 금할 수 없다. 왜냐하면 그들이 이렇게 그리스도의 능동적 순종을 부인한다면, 그리스도의 순종이 가진 공로적인 탁월함을 잃어버리고 말 것이기 때문이다. 그리스도의 순종에 아무런 공로가 없다면, 그분의 고난에도 아무런 공로가 없어진다. 소위 모든 사람들이 고백하는 형벌적 고난과 같은 순종의 행위가 아무런 공로가 되지 못하는 것이다. 그러므로 만일 그리스도의 순종이 공로적인 것이 아니라면 그분의 고난에도 공로가 없을 것이며, 결과적으로 그리스도의 모든 사역과 순종에도 아무런 공로가 없어질 것이다.[29]

클락슨에 따르면, 그리스도는 우리를 위해 완전한 순종을 행하신 분이다. 다시금 말하지만, 이 순종의 목적과 의도는 "우리를 위한 생명, 즉 하나님 나라에 들어가게 하는 권리를 획득하게 하기 위함"이다.[30] 그렇다면 그리스도의 이 능동적 순종이 이렇게 우리의 것이 된다는 말인가? 클락슨은 '그리스도의 의로

---

27) Clarkson, 1:290
28) Ibid., 291.
29) Ibid.
30) Ibid., 292.

말미암는 칭의'(Justification by the Righteousness of Christ)라는 제목의 훌륭한 설교를 통해 이 질문에 대답한다. 곧 그리스도의 의가 '전가'라는 방법을 통해 우리의 것이 된다는 것이다.

그러므로 그리스도의 능동적 순종이 우리에게 전가된다는 결론이 따라온다. 전자가 당연하듯, 이것 역시 결코 부정되거나 반박될 수 없다. 만일 그리스도께서 우리를 위하여 그러한 순종을 행하셨으며 그것이 우리의 것으로 받아들여져야 한다면, 그것은 반드시 전가를 통해 그렇게 되어야만 한다. 우리에게 전가된다는 말은, 우리를 위해 우리를 대신하여 수행된 것으로서 우리의 것으로 받아들여진다는 말과 다를 바 없다. 그러므로 그리스도께서 우리를 대신하여 이 순종을 행하셨다는 사실과 그것이 우리를 위해 우리의 것으로 받아들여진다는 사실을 부인할 수 없다면, 그것이 우리에게 전가된다는 것도 반드시 인정해야만 한다. 그렇지 않으면, 전제를 인정하면서도 결과나 결론은 부정하는 형국이니, 비합리적인 주장이 될 수밖에 없다.[31]

그런데 클락슨이 한편으로는 "형벌적 고난은 공로적이지 않다"라고 말하면서 다른 한편으로는 "그리스도의 고난은 속죄적일 뿐만 아니라 공로적이다"라고 말함으로써 스스로 모순되게 진술하는 것처럼 보인다.[32] 클락슨은 그것들이 순종으로서는 공로적이지만 엄밀한 의미에서 속죄로서는 공로적이지 않다고 여기는 듯하다. 이런 외견상의 모순은 우리가 그리스도의 능동적 순종과 수동적 순종의 연합을 이해할 때만 올바로 해결될 수 있다. 그의 전임자인 존 오웬과

---

31) Ibid., 293.
32) Ibid., 296.

마찬가지로, 클락슨도 그리스도의 삶과 죽음을 통한 그분의 완전한 순종의 단일성 또는 연속성을 주장했다. 그는 "실제로 우리 주님께서 분리하시지 않은 것을 우리가 분리해서는 안 된다. 그리스도의 순종과 고난은 그 본질상, 그리고 그 덕과 결과의 측면에서 따로 분리되지 않는다"라고 말했다.[33]

그러므로 클락슨은 "그리스도의 완전한 순종이 없었더라면 그분의 고난이 공의를 만족시킬 수 없었을 것"이라고 말한다.[34] 요컨대, 죄인들은 우리에게 전가되는 바 그리스도의 삶과 죽음을 통한 완전한 순종과 고난으로 말미암아 의롭게 된다. 이것이 죄의 형벌에 대한 우리의 보속과 만족이 되며, 영원한 생명의 공로가 된다.

토마스 왓슨(Thomas Watson, 1620-1686)

토마스 왓슨도 능동적 순종과 수동적 순종이라는 이분법을 확실하게 진술한 또 한 명의 청교도이다. 그가 언제 태어났는지는 정확히 알려지지 않았지만, 대략 1620년으로 추정된다. 왓슨은 1639년에 케임브리지에 있는 임마누엘 대학에서 문학 학사 학위(B. A.)를 받았고, 1642년에는 석사 학위(M. A.)를 취득했다. 1675년, 토마스 왓슨과 스테판 차녹(Stephen Charnock)은 크로스비 홀(Crosby Hall) 교회에서 공동 목사로 일했다. 그리고 토마스 왓슨은 1686년에 세상을 떠날 때까지 이 교회에서 사역했다. 왓슨은 웨스트민스터 종교 회의의 결과물인 『소요리문답』을 기초로 한 『신학의 체계』(A Body of Divinity)라는 작품의 저자로 가장 잘 알려져 있다. 여기서 왓슨은 칭의를 가리켜 "그리스도의 의가 오직 믿음을 통해 우리에게 전가됨으로 말미암아 그리스도께서 우리의 모든 죄를 용

---

33) Ibid.
34) Ibid.

서하시고 그분 앞에서 우리를 의로운 자로 인정해 주시는 무조건적 은혜의 행위"라고 정의한다.[35] 왓슨이 볼 때, 칭의는 두 가지, 즉 용서(pardon)와 받아들임(acceptance)으로 구성된다.

그런데 왓슨의 저작을 보면, 우리가 칭의를 받는 방법이 그리스도의 의의 전가라는 것이 분명해진다. 왓슨은 우리를 의롭다 하시는 그리스도의 의에 대하여 "천사들의 의보다 더 나은 의이다. 왜냐하면 천사들의 의는 피조물의 의이지만, '이' 의는 하나님의 '의'이기 때문이다"라고 말한다.[36]

그렇다면 이 칭의의 근거는 무엇인가? 왓슨은 칭의의 근거를 그리스도의 공로적인 속죄에서 찾는다. 이 속죄는 두 가지 부분, 즉 그리스도의 죽음과 그분의 공로로 구성된다.[37] 왓슨은 그리스도의 죽음과 그분의 공로를 그분의 수동적 순종과 능동적 순종에 상응하는 어구로 보았다. 왓슨은 그리스도의 제사장직에 대해 다루는데, 그리스도의 제사장직이 그분의 속죄와 중보로 구성되어 있으며, 그리스도의 속죄가 그분의 능동적 순종과 수동적 순종에 있다고 주장했다. 왓슨은 이에 대해 다음과 같이 해설한다.

> 그리스도는 능동적 순종으로 '모든 의를 성취하셨다'(마 3:15 참고). 그리스도는 율법이 요구하는 모든 것을 성취하셨다. 그분의 거룩하신 삶은 하나님의 율법에 대한 완전한 해설이 아닐 수 없다. 그리고 그리스도는 바로 우리를 위해 그 율법에 순종하셨다.
>
> 또한 그리스도의 수동적 순종으로 말미암아 우리의 죄책이 그리스도에게

---

35) Thomas Watson, *A Body of Divinity*, 227.
36) Ibid., 227.
37) Ibid., 227. 왓슨은 "신적인 본질에 관한 한, 그리스도께서 사람이시기 때문에 고난받으셨고, 그분이 하나님이시기 때문에 만족시키셨다. 그리스도의 죽음과 공로로 말미암아, 하나님의 공의는 마치 우리가 지옥의 고통을 영원히 받은 것처럼 더할 나위 없이 만족되었다"라고 진술한다.

로 옮겨 가고 전가되었다. 그리스도는 우리가 마땅히 받아야 할 형벌을 대신 받으셨다. 그분은 자신을 희생 제사로 드림으로 말미암아 죄를 없이 하려고 이 세상에 오신 것이다. 유월절에 도살당한 어린양은 바로 우리를 위해 자신을 드린 그리스도를 예표했다. 죄는 피 흘림이 없이는 사해질 수 없는 것이다.[38]

따라서 왓슨도 우리로 하여금 이중적 전가, 즉 죄의 무전가와 의의 전가에 관심을 기울이게 한다. 왓슨은 우리의 죄책이 그리스도에게로 전가되는 한편, 그리스도의 완전한 순종이 우리에게로 전가된다고 보았다. 왓슨이 그리스도의 능동적 순종을 수동적 순종과 분리했는지는 분명히 밝히지 않기 때문에 확실하지 않다. 그러나 왓슨이 그리스도의 능동적 순종을 수동적 순종과 분명히 구별했다는 것은 의심할 여지가 없는 사실이다.

리처드 십스(Richard Sibbes, 1577-1635)

대륙의 종교개혁자들 및 다른 청교도들과 더불어 리처드 십스는 칭의에 관해 "과거의 모든 신앙의 조항들이 이 안에서 완전해지고, 이어지는 모든 신앙의 조항들이 영향을 받는 교리"라고 진술한다.[39] 십스가 말하는 칭의의 핵심은 전가 교리이다.[40] 루터와 마찬가지로, 십스 역시 상호적인 전가가 바로 죄인이 구원받는 유일한 근거임을 강조한다.

---

38) Ibid., 172.
39) Richard Sibbes, *The Works of Richard Sibbes* (1862-1864; Edinburgh: The Banner of Truth Trust, 1983), 6:193.
40) Stephen Paul Beck, *The Doctrine of Gratia Praeparans in the Soteriology of Richard Sibbes*, Ph. D. diss., Westminster Theological Seminary, 1994, 118. "십스는 자신의 설교에서 믿음으로 말미암는 칭의를 다루면서 전가를 가장 중요하게 강조한다."

무엇보다도 그리스도 안에는 인간의 육신, 비하의 육신, 그리고 영광스러운 육신이 있었습니다. 비하는 그리스도에게 가장 먼저 필요한 것이었습니다. 왜냐하면 그리스도가 종의 상태를 떠맡지 않고서는 종의 직분을 수행할 수 없었기 때문입니다. 그리스도는 가장 먼저 비하의 상태를 취하고 나서 영광스러운 상태를 취하셔야 했습니다. 그리스도의 모든 유익이 우리의 것이 되기 전에 우리의 모든 죄악이 그리스도의 것이 되어야만 합니다. 그리스도께서 비하의 상태에 처하시는 것 외에 다른 무슨 방법으로 그분이 우리의 죄와 악과 비참과 저주를 경험하실 수 있겠습니까? 우리의 죄가 반드시 그리스도에게로 전가되고 나서 그리스도의 의와 그 유익이 모두 우리의 것이 되는 것입니다.[41]

십스에게 이 의는 전적으로 배타적인 그리스도의 의이다. 또 다른 설교에서 십스는 다음과 같이 말한다.

이 의는 무엇을 뜻합니까? 그것은 사람이 경험하는 복음적 의를 의미합니다. 여기 '의로운'이라는 말은 우리가 듣고 소유한 복음이 진술하는 복음적 의를 의미합니다. 말하자면, 그것은 우리에게 전가된 그리스도의 의입니다. 왜냐하면 그리스도 자신이 우리의 것이 되고, 그리스도의 순종과 그분이 가진 모든 것이 우리의 것이 되기 때문입니다.[42]

십스는 그리스도께서 하나님의 뜻을 행하신 것과 고난받으신 것을 그리스도의 능동적 순종과 수동적 순종에 상응하는 어구로 사용하는 것 같다. 왜냐하면

---

41) Sibbes, 1:8.
42) Sibbes, 1:395. 참고. /:314.

계속되는 설교에서 그가 다음과 같이 말하기 때문이다.

> 수동적 순종은 능동적 순종만큼이나 맹렬하고 힘듭니다. 능동적 순종을 통해, 우리는 우리가 하는 일이 하나님을 기쁘시게 하리라 믿고 일합니다. 한편 수동적 순종을 통해, 우리는 하나님이 우리를 통해 하시는 일이 우리를 기쁘게 하는 일이라 믿고 힘써 일합니다. 그러므로 우리는 하나님의 거룩한 뜻에 맞게 순종할 수 있도록 하나님께 간구해야 합니다. 당신은 이 두 가지가 잘 조화되고 일치된 순종을 소유하고 싶습니까? 우리가 영광 가운데 하나님 앞에 서기를 원한다면, 순종할 때 반드시 본받아야 하는 우리의 거룩한 구주를 바라보십시오. "보시옵소서. 내가 하나님의 뜻을 행하러 왔나이다"(히 10:9). 그리스도의 전 생애가 하나님의 뜻을 행하심과 고난받으심이 아니고 무엇이라는 말입니까![43]

십스에 따르면, 우리는 하나님께 이중적 부채, 즉 "순종의 빚과 실패하면 당하게 될 형벌의 빚"을 진 자들이다.[44] 그러나 십스는 우리 그리스도께서 이 두 가지 부채를 모두 지불하시되, "첫째는 만유 가운데서 그의 아버지의 뜻에 순종하심으로, 둘째는 우리의 범죄함에 대해 우리가 마땅히 받아야 할 고난을 친히 받으심으로" 지불하셨다고 선언한다.[45] 따라서 앞서 살펴본 행하심과 고난받으심에 대한 십스의 진술은 곧 순종하심과 고난받으심에 대한 것이며, 이는 능동적 순종과 수동적 순종으로 간주될 수 있다.

그리스도의 능동적 순종과 수동적 순종에 대해 좀 더 직접적으로 참고할 만

---

43) Ibid., 1:403.
44) Ibid., 356.
45) Ibid., 357.

한 부분이 있다. 십스는 마태복음 26장 42절을 주석하면서 다음과 같이 말한다.

> 그리스도가 얼마나 아버지께 순종적이었는지를 생각해 보십시오. "나의 원대로 마시옵고 아버지의 원대로 되기를 원하나이다"라고 말씀하신 것을 보십시오. 그리스도는 자신의 능동적 순종과 수동적 순종 모두에서 하나님 아버지의 뜻을 바라보셨으며, 자신을 아버지께 복종시키셨습니다. 어떤 종류의 복종이었든지 간에 그것은 그리스도께서 보이신 순종이었습니다.[46]

이와 같이 리처드 십스 역시 죄인이 의인이 되며 구원을 얻게 되는 근거가 그리스도의 완전한 순종의 전가에 있다는 사실을 확실하게 주장하고 있다.

토마스 브룩스(Thomas Brooks, 1608-1680)

토마스 브룩스는 1608년에 출생하여 1625년에 임마누엘 대학에서 수학했으며, 1640년에 설교권을 허락받았다. 영국의 시민전쟁 이후, 브룩스는 런던에 있는 사도 도마 교회의 목회자가 되었으며, 1648년에는 의회 앞에서 설교하는 목사로 선택받을 만큼 명망 있는 지도자가 되었다. 이때부터 1680년까지, 브룩스는 저술하고 설교하는 사역으로 남은 생애를 보냈다.

브룩스는 우리의 죄가 그리스도에게로 전가되고 그리스도의 의가 우리에게로 전가되는 교리를 중대하게 고찰하면서, 그 전가의 내용이 그리스도의 '보증자' 되심에 있다고 보았다. 브룩스는 하나님의 계명이 우리에게 이중적 의무를 요구한다고 말했다. 그중 하나는 그것이 요구하는 것을 성취해야 하는 능동적

---

46) Ibid., 4:262.

순종이요, 다른 하나는 해서는 안 되는 일을 한 범죄로 말미암아 임한 형벌에 따라 고난을 받아야 하는 수동적 순종이다. 이러한 명령과 계명들은 반드시 우리 자신에 의해 온전히 지켜지든지, 아니면 우리의 보증자를 통해 수행되든지 해야만 한다. 그러지 않으면, 생명에 들어가는 일은 발생하지 않을 것이다. 브룩스에 따르면, 그리스도는 우리의 보증자가 되셨으며, 우리를 대신하여 우리를 위해 전체 율법을 완전히 이행하셨다.[47] 이에 대해 브룩스는 다음과 같이 말한다.

> 그리스도는 죄인의 의를 확보하시기 위해 한편으로는 이 의무를 수행하심으로 행하셨고, 다른 한편으로는 죽으심으로 행하셨다. 이 이중적 의무가 그분 자신 때문에 그분이 수행해야만 할 일이 된 것이 아니라 오직 그리스도의 중보적 사역 때문에 그리스도께서 자원적(voluntarily)으로 새롭고도 더 나은 언약의 중보자가 되심으로써 그분이 수행해야 할 일이 되었음에 주목하라.[48]

브룩스는, 우리의 보증자이신 그리스도의 행하심과 죽으심이 오직 전가를 통해서만 우리의 것이 될 수 있다고 말한다. 마치 우리가 자신의 인격을 통해 그것을 수행한 것처럼 그것이 우리에게로 옮겨 오고 전가되는 것이다. 이것은 다른 사람의 '의'이다. 그리고 브룩스에 따르면, 이 다른 사람의 의는 전가 이외의 방법으로는 결코 우리의 것이 되지 않는다.[49] 이러한 점에서, "그리스도는 우리 안에서 전가를 통해 죄가 되셨고, 동일한 방법으로 우리는 그리스도 안에서 의

---

47) Thomas Brooks, *The Works of Thomas Brooks* (1861-1867; Edinburgh: The Banner of Truth Trust, 1980), 5:73.
48) Ibid., 74.
49) Ibid., 231.

로운 자가 된다."⁵⁰⁾ 브룩스는 분명히 그리스도의 능동적 순종을 수동적 순종과 구별했다. 그에 따르면, 그리스도의 능동적 순종은 우리가 반드시 수행해야 할 순종으로 요구된 것에 대한 그분의 행하심 또는 하나님의 전체 율법의 실행을 지칭하며, 그리스도의 수동적 순종은 그분의 죽으심 또는 고난당하심을 지칭한다. 예를 들면, 브룩스는 다음과 같이 설명한다.

> 예수 그리스도께서 구속 받은 자기 백성을 위해 수행하신 위대한 일은 두 가지이다. 그중 하나는 그들의 모든 죄를 위해 하나님의 공의를 완전히 만족시키고 속죄를 이룬 것이다. 그리스도는 자신의 보혈과 죽음을 통해 이 일을 이루셨다. 그리고 다른 하나는 그 본성과 삶을 하나님의 율법에 절대적으로 일치시키는 것이다. 그리스도는 전자를 통해 구속 받은 자기 모든 백성들을 지옥으로부터 자유롭게 하셨고, 후자를 통해 구속 받은 모든 백성이 천국을 얻게 해 주셨다.⁵¹⁾

앞서 진술한 결과를 볼 때, 그리스도의 능동적 순종은 우리를 위한 영원한 생명, 즉 하나님 나라인 천국을 확보하는 데 중요한 역할을 한다. 그러므로 브룩스는 다음과 같이 강조한다.

> 우리의 의와 영원한 생명을 향한 권리와 자격은, 절대적으로 그리스도의 능동적 순종이 우리에게 전가되는 데 달려 있다. 여기에서 생명에 대한 조건으로서, 죄인 자신에 의해서든 그의 보증자에 의해서든 율법이 완전히 준행될 것이 요구된다. 그러지 않으면 생명은 주어지지 않는다. 결국 이것

---

50) Ibid., 75.
51) Ibid., 76.

은 우리를 위한 그리스도의 능동적 순종이 절대적으로 필요하다는 사실을 웅변적으로 증언한다.[52]

그러나 퍼킨스와 오웬과 클락슨, 그리고 쉽스와 마찬가지로, 브룩스 역시 그리스도의 수동적 사역의 능동성을 묘사했다. 브룩스는 "그리스도의 수동적 사역의 모든 국면에 그리스도의 자원성(willingness)과 자발성이 있었다"라고 주장한다.[53] 왜냐하면 그리스도께서 "우리를 위해 기꺼이 고난받으시고 자기 생명을 무조건적으로 드리셨으며 기꺼이 돌아가셨기 때문이다."[54] 이어서 브룩스는 "만일 그리스도의 고난받으심이 그분의 의지가 아니었다면, 그것은 그리스도의 순종의 일부가 될 수 없었을 것이며, 우리를 위한 그 어떤 공로도 쌓을 수 없었을 것이다"라고 강조했다.[55]

존 번연(John Bunyan, 1628-1688)

존 번연은 1628년에 베드포드셔(Bedfordshire)의 엘스토우(Elstow)에서 출생했다. 그의 아버지인 토마스 번연은 양철공이었다. 사람들은 존 번연을 땜장이나 가난한 자라고 불렀다. 그러나 번연의 심장과 영혼은 결코 불행하거나 가난하지 않았다. 그는 참으로 훌륭한 설교자였을 뿐만 아니라, 17세기가 낳은 비범한 작가였다. 그에 관한 유명한 일화가 있다. 어느 날, 영국 스튜어트 왕조의 3대 왕인 찰스 2세가 무식한 존 번연의 설교에 왜 그토록 경탄하고 칭찬하느냐고 질문하자, 당시 영국 왕실의 설교 목사였던 존 오웬이 다음과 같이 대답했다.

---

52) Ibid.
53) Ibid., 70.
54) Ibid.
55) Ibid., 77.

"폐하, 만일 제가 그 땜장이의 능력과 재능을 가질 수만 있다면, 저의 모든 학식을 기꺼이 포기할 수 있을 것입니다."[56]

번연도 개혁주의 칭의 교리를 변호했다. 번연은 1672년에 파울러(Fowler)에 대한 답변으로 『전가된 의로 말미암는 칭의』(Justification By An Imputed Righteousness)라는 작품을 집필했다.[57] 파울러는 "구세주의 고난은 무죄 상태의 아담이 처했던 것과 유사한 입장에 있는 인간을 대치하기 위해, 그리고 적절하게 사용하기만 하면 스스로 자신을 구원할 수 있는 능력을 인간에게 제공하기 위해 의도되었다"라는 견해를 취했다.[58] 존 번연은 이러한 견해와 가르침을 단호하게 배격했다. 번연은 칭의와 관련된 전가가 두 가지, 즉 "그리스도의 행하심과 고난받으심"으로 구성되어 있다고 이해했다.[59] 율법의 요구들과 필요조건들에 관한 한, 그리스도는 자신의 완전한 순종을 통해 율법의 마침이 되셨다. 번연은 다음과 같이 진술한다.

> 그러므로 이것은 오직 그리스도의 행하심과 고난받으심에 놓여 있다. 왜냐하면 "그의 순종으로 많은 이들이 의롭게 되었기 때문이다." 따라서 그리스도는 바로 그 순종 안에서 율법의 마침이 되시며, 우리의 칭의를 위해 우리에게 충분한 의가 되신다. 그러므로 우리는 마침내 그리스도의 순종으로 말미암아 의롭게 된다고 말할 수 있다.[60]

또한 번연은 『죄인 괴수에게 넘치는 은혜』(Grace Abounding To The Chief of

---

56) Peter Toon, *God's Statesman: The Life and Work of John Owen*, 162.
57) 참고, John Bunyan, *The Works of John Bunyan*, ed. George Offor (Glasgow: W. G. Blackie and Son, 1854; reprint, Edinburgh.: The Banner of Truth Trust, 1991), 2:278-334.
58) Bunyan, 1:300.
59) Ibid., 302.
60) Ibid.

Sinners)에서 그리스도의 의가 바로 예수 그리스도 자신이라고 확증한다.

> 어느 날 내가 들판을 거닐고 있을 때……이 선고가 내 영혼에 떨어졌습니다. 그대의 의는 하늘에 있도다. 생각건대, 나는 내 영혼의 눈으로 하나님 우편에 계시는 예수 그리스도를 본 것 같습니다. 그곳에서 내가 말했습니다. 그것이 바로 나의 의입니다. 따라서 내가 어디에 있든지 내가 무엇을 하든지, 하나님은 나의 의를 원한다고 말씀하실 수 없습니다. 왜냐하면 그 의가 바로 하나님 우편에 계시기 때문입니다. 더욱이 나는 내 마음의 선함이 그 의를 더 나은 의로 만들지 못하며, 내 마음의 악함이 그 의를 더 나쁜 것으로 만들지 못한다는 것도 보았습니다. 왜냐하면 나의 의는 예수 그리스도이시기 때문입니다. 그 예수님이 "어제나 오늘이나 영원토록 동일하신 분"이기 때문입니다(히 13:8 참고). 이내 내 발을 묶고 있던 사슬이 떨어져 나갔습니다. 내가 고통과 차꼬로부터 해방된 것입니다.[61]

그러므로 번연이 볼 때, 그리스도의 행하심과 고난받으심은 완전한 의를 성취하는 방법을 나타내는 중요한 술어였다. 그렇다면 이 행하심과 고난받으심은 무엇을 의미하는가? 이에 대해 번연은 다음과 같이 대답한다.

> 나는 그리스도 안에서 그분의 행하심과 고난당하심을 통해 의가 성취된 것을 보았다. 율법의 모든 명령들을 성취하신 그분의 행하심과 죄의 형벌에 대한 해결책으로서의 고난당하심을 통해 모든 의가 성취되었다.[62]

---

61) John Bunyan, *Grace Abounding to the Chief of Sinners* (Hertfordshire: Evangelical Press, 1978), 59.
62) John Bunyan, *The Works of John Bunyan*, 1:323.

그러므로 "의롭다 하시는 의는 그리스도의 행하심과 고난받으심이다."[63] 번연에 따르면, 이와 같은 그리스도의 행하심과 고난받으심은 오직 전가를 통해서만 우리에게 전달된다. 그래서 번연은 이것을 가리켜 "단 하나의 의, 한 분 예수 그리스도의 의이다……그리고 그것은 오직 전가를 통해서만 우리의 것이 된다"라고 말한다.[64] 그러므로 그리스도의 의가 우리의 것이 되는 것은 주입으로 말미암는 것이 아니라 오직 전가로 말미암는다. 이 사실은 다음과 같은 이유에서도 분명히 드러난다.

금지된 나무의 열매를 먹은 아담의 행위가 인격적으로, 그리고 선천적으로 나의 행위라고 말하는 것은 부적절하다. 이것은 인격적으로나 개인적으로 아담의 행위였으며, 전가적으로만 나의 행위가 된다. 이 범죄는 아담이 행한 것이므로 개인적으로 아담의 행위이다. 그러나 내가 아담 안에 있었기 때문에 전가적으로 나의 행위가 되는 것이다……바로 이것이 아담과 그리스도가 우리에게 보여 주는 사례이다. 한 사람의 범죄함이 그의 후손에게로 전가된다. 그리고 다른 한 사람의 의가 그에게 속한 백성들의 의로 여겨진다.[65]

번연은 그리스도의 순종을 의복이나 의상이라는 은유로 비유한다.[66]

---

63) Ibid., 302.
64) Ibid., 324.
65) Ibid.
66) 또한 번연은 『천로역정』(*The Pilgrims's Progress*)에서 그리스도의 의를 외투로 생생하게 비유한다. 형식주의자(Formalist)와 외식주의자(Hypocrite)를 향한 크리스천의 설명이 바로 이것을 증명한다. "당신은 문으로 들어오지 않았기 때문에 율법과 의식으로 말미암아 구원받을 수 없습니다(갈 2:16 참고). 그렇기 때문에 내가 덮고 있는 이 외투가 필요한 것입니다. 이 외투는 지금 내가 가고 있는 곳에 계신 주님께서 주신 옷입니다. 그리고 당신이 말하는 대로, 이 외투가 나의 벌거벗음을 가려 줄 것입니다. 나는 이것을 주님께서 내게 주신 은혜와 자비의 징표로 간직하고 있습니다. 왜냐하면 이전에 내게는 그저 넝마밖에 없었기 때문입니다. 게다가 내가 순

하나님은 아담과 하와를 위해 외투를 지으시고, 그들에게 그것을 입히셨다. 하나님의 면전에서 죄인을 저주로부터 자유케 하며 의롭게 서게 하는 의는 하나님께서 공급하시는 의이다. 그렇기 때문에 하나님께서 이 의를 입혀 주시는 것이다. 어느 누구든 하나님의 전가라는 방법이 아닌 그 어떤 방법으로도 그리스도의 의를 옷 입을 수 없다.[67]

그러나 이 의복은 "율법을 향한 그리스도의 순종, 즉 그리스도의 철저하고도 완전한 순종으로 만들어졌다."[68] 우리가 앞서 언급했듯이, 이 '의'는 오직 전가를 통해서만 우리의 것이 되는데, 다만 그리스도와의 연합을 통해 그렇게 될 수 있다.

더 나아가 주님은 나를 하나님의 아들과의 연합이라는 깊은 신비로 이끄셨다. 이 연합 안에서 내가 그분과 하나가 되고, 그분의 살 중의 살이요 뼈 중의 뼈가 되었다. 내게 "우리는 그 몸의 지체임이라"(엡 5:30)라는 달콤한 말씀이 들려왔다. 바로 이 연합을 통해 나의 믿음과 나의 의가 더욱 확증되었다. 만일 그리스도와 내가 하나가 되었다면, 그리스도의 의는 나의 것이며, 그분의 공로도 나의 것이고, 그리스도의 승리도 나의 것이 된다.[69]

레의 길을 가는 동안 이 외투로 말미암아 얼마나 위로를 받는지 모릅니다. 분명히 말하지만, 내가 그 도성의 문에 도착하면 여호와께서 바로 그곳에서 나를 알아보시고 영접해 주실 것입니다. 왜냐하면 내가 그날에 주님께서 나의 넝마를 벗기고 무조건적으로 베풀어 주신 은혜의 외투를 덮고 있기 때문입니다." Bunyan, 3:104. 이러한 점에서 『천로역정』은 칭의 중심적이라고 볼 수밖에 없다. 『천로역정』에 대해 비교적 최근에 이루어진 철저한 연구에 대해서는 다음을 참고하라. Barry E. Horner, *Pilgrim's Progress: Themes and Issues* (Darlingtom: Evangelical Press, 2003). 본서는 필자에 의해 『천로역정 명강의』라는 제목으로 부흥과개혁사에서 역간되었다.
67) John Bunyan, *The Works of John Bunyan*, 2:440.
68) Ibid., 665.
69) Ibid., 36.

번연이 그리스도의 능동적 순종과 수동적 순종을 구별했다는 데 대한 명백한 증거는 없다. 그러나 번연이 그리스도의 행하심과 고난받으심을 통한 그분의 완전한 순종의 전가를 우리가 받은 칭의의 중요한 요소로 여긴다는 사실은 매우 분명하다. 그리스도와의 연합을 통해 우리에게 전가되는 의는 다름 아닌 그리스도의 의이다. 따라서 번연은 그리스도께서 바로 이 순전한 목적 때문에 이 세상에 오셨다고 결론 내린다.

이 의는 다름 아니라 그리스도의 순종이다. 이것은 그분이 육체로 계실 때 수행하신 의로서, 다른 사람의 의가 아니라 그리스도의 의라고 불린다. 그 어떤 인간의 능력으로도 완수하지 못한 일을 그리스도께서 완성하셨다. 그래서 성경은 "한 사람이 순종하심으로 많은 사람이 의인이 되리라"(롬 5:19) 라고 말하는 것이다. 이것은 한 분의 순종, 즉 한 사람 예수 그리스도의 순종이다. 그리고 15절에 잘 기록되었듯이, 그리스도께서 바로 이 순전한 목적 때문에 이 세상에 오신 것이다.[70]

토마스 굿윈(Thomas Goodwin, 1600-1676)

굿윈은 1600년에 영국 런던의 동북부인 노폭(Norfolk)에서 출생했으며, 열세 살에 케임브리지에 있는 크라이스트 대학에 입학했다. 굿윈은 윌리엄 퍼킨스뿐만 아니라 리처드 십스에게서도 큰 영향을 받았다. 가장 놀라운 일은 굿윈이 열네 살에 칼빈의 『기독교 강요』를 읽었다는 것이다.[71] 토마스 굿윈은 1616년

---

70) Ibid., 2:246.
71) 굿윈은 칼빈의 『기독교 강요』에 대해 "이 책의 부분 부분을 읽는 것이 얼마나 달콤하고 즐거운 일인가!"라고 말했다. 이에 대해서는 다음을 참고하라. William Haller, *The Rise of Puritanism* (Philadelphia: University of Pennsylvania, 1972), 75.

에 대학을 졸업하고, 1620년에 석사 학위를 받았다. 이어서 케임브리지에 있는 캐더린 대학(Catherine College)의 교장으로 봉사했고, 이후에는 옥스퍼드에 있는 막달렌 대학(Magdalen College)의 총장으로 봉사하는 등 전형적인 학자로서 활동했다.

굿윈은 우리에게로 전가되는 그리스도의 의와 관련하여 하나님이자 사람이신 그리스도의 중보자직을 중요하게 고찰했다. 굿윈은 하나님 아버지와 죄인 사이를 중보하기 위해 그리스도께서 사람이 되시는 일이 반드시 필요했다고 말한다. 굿윈이 볼 때 중보자는 어떤 의미에서 반드시 하나님 아버지와는 다른, 또는 하나님 아버지보다 낮은 분이 되어야만 했다. 왜냐하면 그리스도께서 하나님께 복종하여 "자기를 낮추고 순종하시며, 기꺼이 율법의 고소를 당하시고, 그 결과 중재자와 탄원자가 되어야 하셨기 때문이다."[72] 이에 대해 굿윈은 다음과 같이 설명한다.

① 우리를 화목케 하신 분이 우리의 머리가 되셔야만 한다. 그리고 머리와 몸은 반드시 하나가 되어야 하며, 동일한 본성을 지녀야만 하며, 절대로 다른 성질을 가져서는 안 되는 것이 합당하다. 그렇지 않으면 그 안에는 기형과 기괴함이 있을 것이다. ② 우리는 그리스도 안에서 아들이 되어야 하고, 그리스도는 우리의 형제가 되어야 한다. 그러므로 우리는 하나가 되어야 한다. ③ 그리스도는 우리의 남편이 되어야만 하셨으며, 아내가 남편의 뼈 중의 뼈요 살 중의 살이 되기 위해 남편과 아내는 반드시 한몸이 되어야만 한다.[73]

---

[72] Thomas Goodwin, *The Works of Thomas Goodwin* (James Nichol, 1863; reprint, Edinburgh: The Banner of Truth Trust, 1985), 4:45.
[73] Ibid., 46.

그리스도의 성육신은 그분의 백성을 위해 그리스도의 공로를 전가하는 데 본질적이고도 필수적인 요소이다. 이것이 없다면, 전가도 결코 존재할 수 없다. 굿윈은 이를 좀 더 상세하게 설명한다.

> 만일 그리스도께서 사람이 되지 않으셨다면, 그분은 결코 율법의 지배를 받지 못하셨을 것이다. 그렇기 때문에 그리스도께서 여자의 몸에서 태어나시고 율법 아래 처하게 되신 것이다(갈 4:4 참고)……그리고 만일 그리스도가 하나님으로만 남아 계셨다면, 그분은 율법을 준행하심으로써 우리를 위한 공로를 쌓지 못하셨을 것이다. 그분이 사람이 되셨기에 율법이 그분에게 미쳐 그분이 율법이 요구하는 바를 행하고 응당 치러야 할 바를 지불하실 수 있었던 것이다.[74]

굿윈은 그리스도의 공로적인 순종의 전가를 고찰할 때 또 다른 중요한 요소로 그리스도와 신자들의 교통 또는 연합을 꼽았다. 연합과 교통으로 말미암아 그리스도의 순종을 우리에게로 전달하는 것이 가능하기 때문이다. 굿윈은 이것을 다음과 같이 설명한다.

> 그리스도께서 인간의 개인적 본성을 지니시고 우리 모두가 그리스도의 순종을 소유함으로 말미암아, 이 일이 다른 모든 사람들에게도 공통적인 일이 될 수 있게 되었다. 그리고 그리스도께서 교통하고자 하시는 모든 사람들이 바로 이 순종을 공유할 수 있게 되었다.[75]

---

74) Ibid., 50.
75) Ibid., 53.

그러므로 굿윈에 따르면, 그리스도의 의는 우리의 중보자가 되시는 그리스도와의 연합으로 말미암아 우리의 것이 된다. 따라서 우리의 믿음의 대상은 오직 우리를 위한 그 인격과 사역을 모두 합한 그리스도뿐이어야 한다.[76]

오바댜 그류(Obadiah Grew, 1607-1689)

오바댜 그류는 앞서 언급한 다른 청교도들만큼 유명하지는 않지만, 이 주제에 대한 그의 통찰력은 치명적으로 중대하다. 그류는 1607년에 워위크셔에서 출생했으며, 1689년에 하나님 나라로 돌아갔다. 그류는 발리올 대학(Balliol College)에서 1629년에 학사 학위를 받았고, 1632년에 석사 학위를 수여받았다. 그리고 1651년, 같은 대학에서 신학 학사 학위와 신학 박사 학위를 받았다. 그류는 대부분 설교자로 살았지만, 1670년에 출판된 『죄인의 칭의』(A Sinner's Justification)를 포함해 세 권의 중요한 작품들을 저술했다.[77]

그류 역시 칭의가 두 가지 부분, 즉 죄의 무전가와 의의 전가로 구성된다고 주장했다. 이때 죄의 무전가란 정죄로부터 면제된다는 것이며, 의의 전가란 우리 안에(in us) 의를 주입함이 아니라 우리에게(to us) 의를 전가함으로 말미암아 하나님 앞에서 의롭게 된다는 것이다.[78] 즉, 그류는 천성적 또는 주입된 의를 배

---

76) Ibid., 8:140ff.
77) 이 작품은 『주 여호와 우리의 의』(The Lord Our Righteousness)라는 제목으로 솔리데오글로리아 출판사에서 재출판되었다. 랜달 피터슨(Randall Peterson)은 이 새로운 판에서 오바댜 그류의 생애를 간략하게 서술한 후, 본 작품에 대해 다음과 같이 평가한다. "본 작품은 그리스도의 의와 죄인의 칭의에 관한 주제들을 훌륭하고도 명료하게 설명하고 있기 때문에 불후의 명작이라고 할 수 있다. 그류는 교회의 칭의 교리에 관해 철저하게 개혁주의적으로 이해했을 뿐만 아니라, 신학적 오류가 교회에 얼마나 해악을 끼치는지에 대해서도 잘 알고 있었다. 특별히 본 작품은 소위 개혁주의자라고 불리는 사람들이 로마 교회와 타협하고 믿음을 행함과 뒤섞어 버리는 이 새로운 천 년의 시대에 매우 유용하다고 할 것이다." Obadiah Grew, The Lord Our Righteousness: The Old Perspective on Paul (1669; reprint, Ligonier: Soli Deo Gloria, 2005), vi.
78) Ibid., 47.

격하고 그리스도의 전가된 의를 견지하는 것을 개혁주의적 입장으로 채택했다.

그렇다면 죄인이 의롭다함을 받는 그 의는 자신의 외부에서 오는 의이다. 그것은 다른 사람의 의이다. 그런데도 하나님의 은혜와 은총으로 말미암아 그것이 죄인 자신의 것으로 간주되고 인정되었다. 따라서 이제 사람이 의롭게 되는 것은 밖에 있는 의로 말미암는다. 그 의가 그를 의롭게 할 때, 그것이 그 자신의 의가 되는 것이다. 그런데 어떻게 그렇게 될 수 있다는 말인가? 그것은 선천적인 의인 인격적 의로서가 아니라 공적인 의 또는 대표적인 분의 의, 즉 또 다른 아담의 의가 전가됨으로 말미암는다.[79]

그류에 따르면, 죄의 무전가는 죄의 사면과 관련되고, 의의 전가는 그리스도의 의와 관련된다. 다른 모든 주류 청교도들과 마찬가지로, 그류도 전자는 그리스도의 수동적 순종에 의해 성취되고, 후자는 그리스도의 능동적 순종에 의해 성취된다고 본다. 그러나 그리스도의 능동적 순종과 수동적 순종에 대한 그류의 이해는 특별하다. 그류는 그리스도의 의로운 삶이 그분이 수동적 순종을 수행하는 데 필요한 자격을 부여한다고 이해했다. 상상할 수조차 없는 일이기는 하지만 "만일 그리스도의 삶이 거룩하거나 순종적이지 않았다면, 죽음의 순간에 반드시 백성의 죄뿐만 아니라 자기 자신의 죄를 위해서도 자신을 드리셔야 하기 때문"이다.[80] 그류는 이에 대해 또 다른 이유를 다음과 같이 제시한다.

그것은 그리스도께서 우리의 제사장이 되실 뿐만 아니라 희생 제물이 되셔야만 했기 때문이다. 율법 아래서 우리 죄를 위해 드려진 희생 제물은 정

---

79) Ibid., 15.
80) Ibid., 22.

결하고 흠이 없어야만 했다. 따라서 우리의 제사장이 되실 뿐만 아니라 희생 제물이 되신 그리스도는 그 본성과 실제 삶에 점이나 흠이 없으셔야만 했다. 그렇기 때문에 그리스도께서 "죄를 알지도 못하신 것"이다. 그리스도는 "거룩하고 순전하며 더럽힘을 당하지 않으시고, 죄인과는 구별된 분"이셔야 했다. 그렇기 때문에 그리스도의 삶에 드러난 그분의 순종(그리스도의 능동적 순종)이 우리를 위한 그분의 죽음(그리스도의 수동적 순종) 가운데서 우리를 위해 엄청난 영향력과 결과를 낳을 수 있었던 것이다.[81]

그러나 그류 역시 그리스도의 순종의 한 부분을 다른 부분과 분리하는 것처럼 보이지는 않는다. 왜냐하면 그류가 "그리스도의 고난이 단순히 추상적인 것이 아니라 순종 가운데서의 수난"임을 강조하기 때문이다.[82] 다시 말해, 그류는 그리스도께서 죽음에 이르기까지 순종하셨다는 사실을 강조한다. 따라서 그류는 "우리를 위한, 그리고 우리의 칭의를 위한 의롭다 하시는 그리스도의 순종은 능동적이며 동시에 수동적이었다. 이 순종은 그리스도의 삶에서 시작되고 죽음에 이르기까지 계속되었다"라고 결론짓는다.[83]

로버트 트레일(Robert Trail, 1642-1716)

트레일은 17세기 후반에 칭의 교리에 대해 저술한 또 한 명의 훌륭한 저자이다. 트레일은 스코틀랜드의 언약도 목사의 아들로 태어나, 그 자신도 스코틀랜드의 장로교 목사이자 신학자가 되었다. 트레일은, 칭의 교리와 관련하여 로마

---

81) Ibid., 23.
82) Ibid., 22.
83) Ibid.

교황주의자들과 종교개혁자들의 진정한 차이점이 그리스도의 전가된 의에 관한 견해에 있다고 보았다. 또한 리처드 백스터의 신율법주의뿐만 아니라 토비아스 크리습의 율법폐기론주의를 배격하고, 개혁주의 신학에 입각한 칭의 교리를 철저하게 변증하며 변호했다.[84] 특히 트레일은 그리스도의 능동적 순종과 수동적 순종에 대한 개혁주의적 분석을 잘 평가한다.

> 개신교 신학자들은, 그리스도의 능동적 순종과 수동적 순종에 나타난 그리스도의 의가 우리의 칭의에 대한 초래적 원인 또는 공로적 원인이 될 뿐만 아니라, 그 순종의 전가가 우리의 칭의를 위한 형식적 원인이 된다고 주장했다. 이것은 교황주의자들조차도 인정하는 바이다. 그러나 우리의 논리적 용어는 하나님의 신적인 신비를 담아내기에 한없이 부족할 뿐이다. 그렇지만 이러한 학문적 용어가 적절하든 부적절하든 간에, 이 논점에 대한 일반적인 개신교 교리는 자신이 죄인임을 깨닫고 의를 추구하는 죄인이 반드시 오직 하나님께서 명령하시는 그리스도의 의 이외에 다른 의를 추구해서는 안 된다는 것이다. 하나님은 죄인을 의롭다 하시기 위하여 죄인에게 전가하시는 그 의 안에서만 그를 의롭다고 받아 주신다.[85]

랄프 로빈슨(Ralph Robinson, 1614-1655)

로빈슨은 '그리스도의 의, 그리스도인의 의복'이라는 제목의 설교에서, 그리스도로 옷 입는다는 것이 우리가 받는 칭의에서 얼마나 중대한 것인지를 표현한다.

---

84) Robert Trail, *Justification Vindicated*, new and rev. ed. (Edinburgh: The Banner of Truth Trust, 2002).
85) Ibid., 11-12.

우리가 믿음으로 그리스도를 우리 자신에게 적용시킬 때, 우리는 믿음으로 의를 적용시키는 것입니다. 사도 바울은 고린도전서 1장 30절에서 "그리스도께서 우리의 의가 되셨다"라고 말합니다. 그분은 "여호와 우리의 공의"(렘 23:6)라고 불리시는 분입니다. 신자가 하나님 앞에서(*foro Dei*) 의로운 자로 지명되는 것은 하나님 안에서 이루어지는 은혜의 행위이며, 그리스도의 완전한 의를 죄인 자신의 의인 것처럼 전가하고 그리스도의 의를 그의 것으로 간주하는 일로 인한 것입니다. 죄인이 믿음으로 말미암아 자신의 칭의를 위해 그리스도와 그분의 의를 자신에게 적용시킬 때, 그는 그리스도로 옷 입게 됩니다.[86]

랄프 로빈슨은 이 의복으로 말미암아 그리스도께서 우리의 본성적 추악함과 실제적 죄악의 더러움뿐만 아니라 우리가 마땅히 수행해야 할 거룩한 의무를 이행하지 않은 것까지도 모두 가려 주신다고 선언한다.[87] 따라서 로빈슨에게 그리스도의 의란 우리 죄의 사면뿐만 아니라 천국을 향한 우리의 순종을 위해서도 필요한 조건이다.

지금까지 우리는 그리스도의 능동적 순종을 우리의 칭의와 영원한 구원을 위한 필수 불가결한 요소로 간주하는 데 한목소리를 내는 열 명의 주요 청교도들의 견해들을 간략하게 살펴보았다. 청교도들이 그리스도의 능동적 순종의 전가에 관해 어떻게 가르쳤는지를 고찰함으로써, 우리는 적어도 다섯 가지로 간략한 결론을 내릴 수 있다.

첫째, 이 청교도들은 로마 가톨릭교회가 주장하는 주입된 의를 배격하고, 그

---

86) Ralph Robinson, *Christ All And In All*, 48.
87) Ibid., 41.

리스도의 완전한 순종의 전가된 의를 확증했다.

둘째, 이 청교도들은 이러한 그리스도의 의의 전가가 죄인이 영원히 구원받는 일의 확실한 기초가 된다고 간주했다.

셋째, 이 청교도들은 이 의가 신자 자신에게 있는 내부적 의가 아니라 외부적 의임을 강조했다. 그것은 그리스도의 의요 우리 밖에서 오는 의이다. 그들 자신의 것이 아니라 오직 전가의 방법을 통해 우리의 것이 되는 의인 것이다.

넷째, 이 청교도들은 그리스도의 능동적 순종과 수동적 순종을 분명히 구별했다. 전자는 그리스도가 우리를 위해, 그리고 우리를 대신해 전체 율법에 대해 순종하신 그리스도의 완전한 성취를 가리키며, 후자는 우리 죄에 대한 형벌의 상환으로서 십자가에서 당하신 그리스도의 고난과 죽음을 가리킨다. 전자를 통해서는 영원한 생명을 얻고, 후자를 통해서는 전적으로 죄 사함을 받는다. 때때로 청교도들은 그리스도의 사역의 이 두 가지 국면을 "그리스도의 행하심과 고난받으심" 또는 "그리스도의 순종과 죽음"으로 묘사하기도 했다.

다섯째, 그러나 청교도들은 결코 그리스도의 능동적 순종을 수동적 순종으로부터 분리하지 않았다. 그들은 결코 우리 주님이 이 땅에서 행하신 삶의 일정 부분이나 행위를 그분의 능동적 순종으로, 다른 국면이나 행위들을 수동적 순종으로 배분하지 않았다. 오히려 그들은 "그리스도께서 고난 가운데 순종하시고 순종 가운데 고난받으셨다"라고 확증함으로써, 그리스도의 순종의 연합과 통일성을 강조했다.

결론적으로 볼 때, 그리스도의 능동적 순종이라는 청교도들의 독특한 표현은 포괄적인 개념이다. 다시 말해, 능동적 순종이 수동적 순종을 발현한다고 할 수 있다. 그것은 수동적 순종을 함축하고 시사한다. 즉, 그리스도의 능동적 순종은 역설적이게도 능동적 순종이면서 수동적 순종을 전제한다.

요컨대, 그리스도의 능동적 순종은 수동적인 고난을 지탱한다. 청교도들이 그리스도의 능동적 순종과 수동적 순종이라는 용어를 사용할 때, 비록 그들이 그것을 분명하게 구별했다 할지라도, 그것은 언제나 능동적이고 적극적이며 자원하는 순종이었다. 이는 마치 동전의 양면과도 같다. 그것은 서로 구별되지만, 너무나 밀접하게 연결되어 있어서 결코 분리될 수는 없는 것이다.

3장

후기 개혁주의 전통

그리스도의 순종의 전가 교리는 이어지는 18세기에도 중요한 교리로 자리 매김한다. 보편적으로 뉴잉글랜드의 위대한 철학자이자 칼빈주의 신학자로 인정받는 조나단 에드워즈는 신자의 칭의가 비단 죄의 사면뿐만 아니라 승귀의 긍정적인 결과에도 기초한다고 주장했다.[1] 에드워즈는 전자를 소극적 의로, 후자를 적극적 의로 불렀다. 이런 측면에서 에드워즈는 그리스도의 의를 두 종류, 즉 소극적 의와 적극적 의 또는 긍정적 의로 이해한다. 에드워즈에 따르면, 소극적 의는 그리스도의 고난과 죽음이며, 적극적 의는 그리스도의 순종적 삶이다. 에드워즈는 이 두 가지가 모두 우리의 완전한 의를 구성한다고 본다. 말하자면, 그리스도께서 우리를 대신하여 우리를 위해 이 두 가지 의를 모두 성취

---

1) 칭의 교리에 대한 에드워즈의 훌륭한 연구로는 다음을 참고하라. Kang, Kevin Woongsan, *Justified by Faith in Christ: Jonathan Edward's Doctrine of Justification in Light of Union With Christ*, Ph. D. diss., Westminster Theological Seminary, 2003.

하신 것이다.

> 여기에는 우리가 형벌로부터 벗어나기 위해 그리스도께서 우리를 대신하여 고난과 형벌을 받으셔야 하는 것처럼, 상급을 획득하기 위해 그리스도께서 우리를 대신하여 율법에 순종하셔야 할 필요성이 동일하게 제기된다. 그리고 순전히 동일한 이유로 전자와 마찬가지로 후자 역시 반드시 우리의 것으로 간주되어야 한다……다른 경우와 마찬가지로 동일한 관계가 형성되어 있다. 그러므로 여기에는 우리가 상급을 취득하기 위해 율법에 대한 완전한 순종이 성취되어야 하며, 형벌을 면하기 위해 죽음의 고난을 당해야만 하는 필요성이 정확히 동일하게 제기된다. 또는 정확히 율법에 의해 제기된 동일한 필요성, 즉 불순종이 사망을 낳듯이 완전한 순종이 생명을 불러일으켜야 할 필요성이 제기된다. 의심할 여지 없이 율법은 전자뿐만 아니라 후자에까지도 확고한 법칙인 것이다.[2]

여기서 에드워즈가 논증하는 바는 그리스도께서 소극적인 측면과 적극적인 측면 모두를 통해 전체 율법을 성취하셔야만 했다는 것이다. 왜냐하면 율법이 형벌뿐만 아니라 순종까지도 요구하기 때문이다. 바로 이런 이유로 그리스도께서 자기 백성을 위해 "전가를 통해 그들의 것이 되셔야만 했던 것이다."[3]

그러므로 에드워즈에 따르면, 죄의 사면은 소극적 의를 통해 확보되는 반면, 영원한 생명은 적극적 의를 통해 얻어진다. 에드워즈는 다음과 같이 설명함으로써 이를 확증한다.

---

2) Jonathan Edwards, *The Works of Jonathan Edwards*, rev. Edward Hickman (Carlisle, 1834; reprint, Edinburgh: The Banner of Truth Trust, 1992), 1:636a.
3) Buchanan, *The Doctrine of Justification*, 321.

그리스도께서 자신의 고난을 통해 확보하신 소극적 의의 목적은 죄책과 형벌로부터 구원하는 것일 뿐, 죄인에게 천국에 들어갈 자격을 부여하지는 않는다. 반면 그리스도의 적극적 의는 지고지순한 최상의 행복이다. 그리스도의 수난은 의무로부터 구원하고 죄인을 무관심의 상태로 남겨 두지만, 그리스도의 적극적 의는 죄인에게 천국과 영생을 확보해 준다.[4]

바로 이것이 우리의 칭의를 위해 우리에게 전가되는 순전한 '의'이다. 에드워즈는 이 의의 핵심인 도덕적 선함이 '그리스도의 순종'에 있음을 잘 파악했다.[5] 이처럼 그리스도의 완전한 순종의 전가로 말미암아, 마치 우리가 그것을 행한 것처럼 의로운 자로 간주되는 것이다. 그러나 에드워즈는 능동적 순종과 수동적 순종이라는 이분법을 배격했다.[6] 왜냐하면 그는 이러한 이분법이 인위적인 구분이라고 생각했기 때문이다. 오히려 에드워즈는 그리스도의 순종을 '소극적 의, 적극적 의'라는 관점에서 생각했다. 그러나 에드워즈는 실제로 '능동적 의' 또는 '적극적 순종'이라는 용어를 사용하기도 했다.[7] 다만 '소극적 의와 적극적 의'라는 에드워즈의 구별과 그리스도의 '능동적 순종과 수동적 순종'이라는 구별이 어떻게 다른지는 명확하지 않다. 일반적으로 말하자면, 그것들은 모두 동일한 개념일 뿐이다.

19세기 프리처치 대학(Free Church College)의 변증학 교수였던 제임스 뷰캐넌은 "칭의의 근거가 되는 의는 그리스도께서 자기 백성을 위해 떠맡고 성취하신 행위의 공로이다. 그리고 이것은 오직 그들에게 전가됨으로써만 그들의 것

---

4) Jonathan Edwards, *Sermon on John 16:8*, in *Sermons and Discourses*, 1723-1729 (Yale), 14:396.
5) Edwards, I. 635 b.
6) Edwards, I. 638 b.
7) Edwards, I. 636. b.

이 될 수 있다"라고 확증한 바 있다.[8] 그리스도는 반드시 자기 백성의 유익을 위해 '주입이 아니라 오직 전가를 통해서만' 그들의 것이 되어야 한다.[9]

그리고 나서 뷰캐넌은 그리스도의 순종을 능동적 순종과 수동적 순종으로 구별한다. 뷰캐넌은 이러한 구별이 "올바로 이해되고 현명하게 적용되기만 하면, 매우 합법적이고도 유익한 것"이라고 보았다.[10] 따라서 뷰캐넌은 다음과 같이 쓴다.

> 이런 구별법은 결코 분리할 수 없는 그리스도의 사역의 연합을 조금도 손상시키지 않은 채 그리스도의 사역의 한 부분과 다른 부분을 구별하는 맥락에서 사용될 수 있다. 그리고 그것들이 하나님의 율법의 형벌적이며 교훈적인 명령과 요구들의 관계 속에서 역할을 드러내는 데 사용될 수 있다. 율법은 죄의 형벌을 요구하는데, 우리는 그리스도의 고난과 죽으심에서 그 형벌이 완수된 것을 볼 수 있다. 또한 율법은 완전한 의를 요구하는데, 우리는 그리스도의 전 생애 가운데 나타난 순종을 통해 완전한 의로서의 그 교훈적 명령들이 성취된 것을 볼 수 있다.[11]

찰스 스펄전(Charles H. Spurgeon)은 '그리스도 우리의 대속자'(Christ Our Substitute)라는 제목의 설교에서, 그리스도와 신자 사이의 상호적 전가 교리에 우리의 관심을 기울이게 한다.

> 그리스도께서 세상을 이기고 아버지 하나님과 함께 그 보좌에 좌성하신

---

8) Buchanan, *The Doctrine of Justification*, 321.
9) Ibid., 323.
10) Ibid., 307.
11) Ibid.

것처럼, 당신을 그분의 보좌에 앉히실 것입니다. 오! 어떻게 하면 오늘 밤이 논제의 큰 산을 다 오를 수 있겠습니까? 그리스도 안에 있어 그리스도와 그리스도의 의로 옷 입고 그리스도의 승리의 종려나무를 가지며 그리스도의 왕관을 쓰고 그리스도의 보좌에 앉아 있는 성도를 묘사하려면, 천사와 같이 거룩한 설교자가 필요할 것입니다. 그렇다 하더라도 이것이 바로 우리의 특권입니다. 그리스도께서 우리가 써야 할 가시 면류관을 쓰셨습니다. 대신 우리는 그리스도의 면류관, 즉 영광의 면류관을 썼습니다. 그리스도께서 나의 옷을 입으셨습니다. 아니, 그분은 십자가에서 돌아가실 때 나의 수치를 입으셨습니다. 대신 나는 그리스도의 옷을 입었습니다. 왕중의 왕이 입으시는 의복을 입은 것입니다. 그리스도께서 내가 당해야 할 수치와 굴욕을 당하셨습니다. 대신 나는 그리스도의 명예를 받았습니다. 그리스도께서 나의 기쁨을 충만케 하시기 위해, 그리고 내 안에서 그분의 기쁨이 충만케 되게 하시기 위해 내가 당해야만 할 고난을 친히 짊어지셨습니다. 그리스도께서 나를 죽음에서 다시 살리기 위해, 그리고 나를 그리스도 안에 거하게 하기 위해 친히 돌아가시고 무덤에 갇히셨습니다. 그리스도께서 나에게 이 모든 것을 주시고 그것을 확실히 하기 위해, 그리고 그 사랑 가운데서 그분의 모든 백성들로 하여금 그들의 기업을 차지하게 하기 위해 친히 다시 오실 것입니다.[12]

스펄전은 사람이 그리스도를 믿을 때 이런 일이 일어난다는 점을 강조한다. 사람이 그리스도를 믿을 때, "그는 하나님 앞에서 더 이상 정죄를 당하지 않을 뿐만 아니라 더 나아가 의로운 사람, 즉 공로적인 사람이 된다."[13] 그래서 스펄

---

12) Charles H. Spurgeon, *The New Park Street Pulpit*, vol. 6 (Grand Rapids: Baker Book House, 1994), 195.
13) Ibid., Vol. 3, 157.

전은 "그리스도가 우리의 죄를 짊어지고, 우리는 그리스도의 의를 취합니다. 이것은 죄인이 무조건적인 죄 사함을 받고 하나님의 은혜로 말미암아 의롭게 되는 영광스러운 대속과 장소의 교환으로 이루어집니다"라고 강조한다.[14] 이 교환과 대속의 근거가 바로 그리스도의 순종이다. 청교도들과 마찬가지로, 스펄전 역시 그리스도의 순종을 두 가지, 즉 그리스도의 "행하심과 죽으심"으로 구분한다.

> 그리스도의 의로 옷 입는다는 말은 하나님께서 우리를 마치 한 번도 죄를 짓지 않은 사람처럼 받아 주신다는 것을 의미합니다. 우리가 죄를 지은 적이 없어야 인간의 의 앞에서도 올바로 설 수 있습니다. 그런데 오늘날 우리는 믿음으로 말미암아 하나님 앞에 설 수 있습니다. 왜냐하면 우리 주 예수 그리스도의 행하심(능동적 순종)과 죽으심(수동적 순종)이 우리 자신의 인간적 공로가 만들어 낼 수 있는 것보다 훨씬 더 영광스러운 혼인 예복을 만들어 주기 때문입니다.[15]

윌리엄 쉐드 역시 이 주제에 관해 명석한 학자이다. 쉐드는 피스카르토(Piscarto)뿐만 아니라 존 테일러(John Taylor)의 극단적인 견해를 배격하면서, 그리스도의 순종의 통일성을 강조한다. 쉐드에 따르면, 그리스도의 능동적 순종에는 비하와 속죄의 요소가 있다. 그러므로 쉐드는 "그리스도의 순종의 두 가지 양태는, 이 이론에 암시되어 있듯이 중보자의 속죄적 기능이 그리스도의 수동적 순종에만 국한된다고 주장하는 식으로 서로 완전히 분리될 수 없는 성질의

---

14) Ibid.
15) Charles H. Spurgeon, *Spurgeon at His Best*, comp. Tom Carter (Grand Rapids: Baker, 1988), 116. 괄호 안의 내용은 스펄전 자신의 표현이다.

것"이라고 주장한다.[16] 그러면서도 쉐드는 "능동적 순종의 주요 부분과 그것에 대한 언급은 형벌적 요소로서의 율법보다 교훈적인 율법을 가리킨다"는 점을 인정한다.[17] 그것은 죄의 속죄보다는 보답으로서의 공로와 더욱 관련이 있다.[18] 그리스도의 순종의 최고의 기능은, 신자에게 천국이라는 상급을 얻을 수 있는 자격을 획득하게 해 주는 것이다. 그러므로 쉐드는 "무한한 미래에 관한 소망과 확신을 위해서도 그리스도의 능동적 순종의 전가가 필요하다"라고 결론짓는다.[19] 결과적으로 그리스도의 능동적 순종의 전가는 영원한 생명을 획득하는 일뿐만 아니라 이 땅에서 사는 동안 신자가 누리는 확신과 보증의 측면에서도 중대하다.

존 머레이도 개혁주의 칭의 교리를 강력히 변호하는 인물이다. 머레이는 칭의를 "선언적인 동시에 하나님의 은혜의 구성적 행위"라고 이해한다.[20] 그런데 이 "구성적 행위는 그리스도의 순종과 의를 우리에게 전가해 주시는 데에 존재한다."[21] 그러므로 머레이에 따르면, 그리스도의 순종은 전가로 말미암는 칭의의 근거가 된다.

머레이 역시 그리스도의 수동적 순종과 능동적 순종의 용법의 진가를 인정하는데, 그것이 오직 합당하게 해석될 때만 그러하다고 강조한다.[22] 머레이는

---

16) W. G. T. Shedd, *Dogmatic Theology*, ed. Alan W. Gomez, 3rd ed. (New Jersey: Presbyterian & Reformed, 2003), 721.
17) Ibid.
18) 그러면서도 쉐드는 다음과 같이 올바르게 지적한다. "'공로'라는 용어는 종종 그리스도의 능동적 순종뿐만 아니라 수동적 순종에도 적용된다. 그리스도의 보혈의 '공로'는 가장 친숙한 관용구이다. 중보자는 계율적 율법뿐만 아니라 형벌적 율법에 대해서도 마찬가지로 공로적이다." Ibid., 722.
19) Ibid.
20) John Murray, *Redemption Accomplished and Applied* (Edinburgh: The Banner of Truth Trust, 1961), 124. "그것은 진실로 선언적이 되기 위해 반드시 구성적이며 본질적이어야만 한다. 하나님은 그것이 그렇게 되도록 선언하실 뿐만 아니라 실제로 새로운 관계를 구성하신다."
21) Ibid., 125.
22) 참고. J. G. Machen, *God Transcendent*, 187-196. 메이첸은 머레이와 함께 다음과 같이 말한다. "나는 이 용법이 충분히 마음에 든다. 그는 이 용어가 인간의 언어로 表현할 수 있는 한, 그리스도의 사역의 두 가지 국면을

그리스도의 '수동적 순종'이 그리스도께서 고난을 받으시는 데 소극적이거나 수동적이었음을 의미하지 않는다고 올바르게 지적한다. 오히려 그리스도는 십자가에 달려 돌아가실 때마저 더욱 능동적이셨다.[23] 그러나 어쨌든 머레이는 그리스도의 능동적 순종과 수동적 순종이라는 용법이 "그리스도의 순종 사역의 두 가지 독특한 국면을 제시하는 선한 목적으로 사용되는 한" 매우 유익하다고 간주했다. 그러므로 머레이는 그리스도의 능동적 순종과 수동적 순종을 그리스도의 속죄 사역의 두 가지 독특한 국면으로 보았다. 그러나 이런 구별은 결코 어떤 시간이나 시기에 따른 구별이 아니다. 머레이는 "능동적 순종이 그리스도의 삶에 적용되고, 수동적 순종이 그분의 마지막 순간의 고난과 죽음에 적용된다"고 생각하는 것이 잘못된 것임을 인정한다.[24] 그렇다면 도대체 이런 독특한 공식의 유익은 무엇인가? 머레이는 이러한 질문에 대해 다음과 같이 대답한다.

> 이 공식의 참된 용법과 목적은 우리 주님의 대속적 순종이 가진 두 가지 독특한 국면을 강조하는 것이다. 여기에 표현된 진리는 하나님의 율법이 형벌적 제재와 적극적인 요구를 모두 지닌다는 인식에 기초를 두고 있다.[25]

그러나 여기서 머레이는, 그리스도의 능동적 순종이 그분의 삶에 나타난 순종에 적용되고 그분의 수동적 순종이 그분의 고난과 죽음에 나타난 순종에 적용된다고 말해서는 절대로 안 된다고 주장하는데, 이런 측면에서 머레이가 지

가장 잘 제시한다고 생각한다. 그런데도 그리스도의 사역의 두 가지 측면 가운데 한 부분을 다른 부분과 분리하게 만든다면, 바로 거기에 위험이 도사리고 있다 할 것이다." 190.
23) Ibid., 21.
24) Ibid.
25) Ibid.

나치게 신중했다고 여겨진다. 왜냐하면 머레이 자신도 수동적 순종이 율법의 형벌적 요구에 관한 것이고, 능동적 순종이 율법의 명령적 요구에 관한 것이라고 말하기 때문이다.[26] 그리스도의 삶과 고난에 나타난 그분의 순종은 서로 긴밀하게 연결되어 있지만, 성경은 그리스도께서 자신의 죽음을 통해 죄의 형벌을 지불하셨다고, 즉 하나님의 율법의 형벌적 요구가 오직 죽음을 통해서만 해결되며, 그리스도께서 자기 삶 가운데서 율법 전체에 순종하심으로써 영원한 생명을 위한 권리를 확보하셨다고 명백하게 진술한다. 그러므로 죄의 사면은 전자의 열매가 되고, 영원한 생명에 대한 공로는 후자의 필연적인 열매이다.

그러나 머레이가 그리스도의 삶과 죽음을 통한 그분의 능동적 순종과 수동적 순종의 연합을 강조한다는 점은 칭찬할 만하다. 이러한 측면에서 머레이가 그리스도의 능동적 순종과 수동적 순종의 연합을 옹호하고 지지하는 것은 매우 인상적이며 유익하다.

> 우리는 결코 우리 주님이 이 땅에서 살아가신 삶의 특정한 단계나 행위를 그분의 능동적 순종으로 규정하고 또 다른 특정한 단계나 행위를 그분의 수동적 순종으로 규정할 수 있다고 생각해서는 안 된다. 능동적 순종과 수동적 순종은 시간적으로 구분할 수 있는 것이 결코 아니다. 그리스도의 모든 순종은 능동적이며 수동적인 순종이라 묘사되고, 모든 시간 동안 모든 국면에서 우리 주님이 보이신 순종의 사역이다.[27]

머레이와는 달리 마틴 로이드-존스는 그리스도의 능동적 순종과 수동적 순종을 확실히 구별했으며, 그리스도의 수동적 순종은 그분의 고난과 죽음을 지

---

26) Ibid., 22.
27) Ibid., 21.

칭하고, 그리스도의 능동적 순종은 그분의 순종적 생애를 지칭한다고 말한다. 로이드-존스는 전자를 칭의의 소극적 요소라고, 후자를 칭의의 적극적 요소라고 불렀다. 그는 전자를 통해 우리가 죄 용서를 얻지만 "칭의가 결코 죄 용서에서 끝나지 않는다"라고 주장한다.[28]

> 칭의와 죄 용서는 동일하지 않다……그들은 속죄의 한 부분으로서 그리스도께서 십자가에서 죽으심으로써 율법에 수동적으로 순종하시기 이전에 이미 능동적으로 순종하셨다는 것을 깨닫지 못한다. 다시 말해, 칭의에는 두 번째 요소로서 능동적 요소가 있다는 말이다. 이것은 나의 죄가 용서받은 것 외에 주 예수 그리스도 자신의 적극적인 의가 우리에게로 전가되고 우리의 것으로 인정되었음을 의미한다. 그리스도는 율법을 준행하고 높이셨으며, 그 결과 율법의 모든 요구에 직면하신 의로운 분이셨다. 그리고 하나님은 바로 그런 그리스도의 의가 나의 것이 되게 하셨다.[29]

로이드-존스는 그의 명작 『로마서 강해』에서 그리스도의 능동적 순종에 대해 더욱 상세히 설명한다.

> 주 예수 그리스도의 순종보다 더 영광스러운 주제는 없다. 무엇보다도 먼저 그리스도의 능동적 순종을 생각해 보자……하나님의 아들이신 그리스도께서 하나님 아버지와 함께 율법을 제정하셨고, 우리를 구속하시기 위해 스스로 율법의 저주 아래 처하셨다. 하나님의 율법은 반드시 만족되어야 한다. 그것은 반드시 높여져야 하고, 지켜져야 한다. 따라서 인간을 '율

---

28) David Martyn Lloyd-Jones, *Great Doctrines of the Bible* (Wheaton, Illinois: Crossway Books, 1997), 2:172.
29) Ibid., 172-173.

법의 저주'로부터 구원하기 위해 육신을 입고 이 땅에 오셔서 율법을 향해 능동적 순종을 나타내 보이셨다……그리스도는 스스로 우리의 모습을 취하셨다. 그분은 우리의 머리요 대표가 되신다. 율법은 반드시 그것을 지키라고 요구한다. 그래서 그리스도는 율법을 준행하셨고, 그 어떤 율법 조항도 위반하지 않으셨다. 그분은 하나님의 거룩하신 율법에 완전하고도 충분하게 순종하셨다.[30]

로이드-존스는 그리스도의 수동적 순종 역시 같은 방식으로 설명한다.

그렇다면 이제 그리스도께서 십자가에서 행하신 수동적 순종을 보자. 겟세마네 동산에서 그리스도는 "아버지여, 만일 할 만하시거든 이 잔을 내게서 지나가게 하옵소서. 그러나 나의 원대로 마시옵고 아버지의 원대로 하옵소서"라고 기도하셨다. 이것이 무엇을 의미하는가? 그리스도는 인간의 모든 죄를 지고 그 두렵고도 무시무시한 형벌을 짊어져야 할 수동적인 복종의 무서운 결정에 직면하고 계신다. 그것은 잠깐이기는 하지만 아버지 하나님과의 두려운 분리를 의미하기도 한다. 그래서 그리스도께서 묻고 계신다. "다른 길은 없습니까? 만일 그렇다면 아버지의 뜻대로 그 길을 가겠습니다." 바로 이것이 그리스도의 수동적 순종의 한 부분이다. 그분은 "도수장으로 끌려가는 양처럼" 그 길을 가셨다. 그리스도는 거부하지도, 반대하지도 않으셨다. 우리의 죄가 그리스도께 놓였고, 그리스도께서 그 모든 죄를 짊어지셨다. 그리스도께서 우리의 형벌의 고통과 고난을 짊어지셨다. 그리스도께서 속죄를 이루셨다. 그분이 죄에 대한 하나님의 진노를 견디셨

---

30) David Martyn Lloyd-Jones, *Romans: Exposition of Chapter 5, Assurance* (Edinburgh: The Banner of Truth Trust, 1971), 274-275.

다. 바로 이것이 그리스도의 수동적 순종이다.[31]

로이드-존스는 "그리스도의 순종은 완전한 순종이었다. 그분의 순종은 능동적이었고, 그분의 순종은 수동적이었다"라고 결론짓는다.[32] 이로 볼 때, 로이드-존스는 그리스도의 완전한 순종을 강조하면서도 다른 개혁주의자들과는 달리 그리스도의 능동적 순종과 수동적 순종을 나누는 것처럼 보인다. 그러나 앞서 언급했듯이, 로이드-존스의 이러한 설명이 속죄를 위한 그리스도의 두 가지 사역을 극명하게 보여 주려는 의도로 사용되고 적용된다면 크게 문제 될 것은 없어 보인다.

프란시스 쉐퍼(Francis A. Schaffer, 1912-1984)는 로이드-존스와 동시대 인물로서, 그의 로마서 강해를 통해 그리스도의 순종에 능동적 국면과 수동적 국면이 있음을 확증하였다. 그는 그리스도께서 십자가에서 죽으신 것을 그리스도의 수동적 순종으로, 우리를 위해 율법을 완전하게 준행하신 것을 그리스도의 능동적 순종으로 분명히 구별했다.

우리가 그리스도를 우리의 구세주로 영접하는 순간, 우리는 하나님 앞에서 성도가 된다. 이것은 무엇보다도 먼저 예수님의 수동적 사역, 즉 우리의 죄에 대한 형벌을 친히 담당하신 그분의 수동적 순종에 기초한다. 그러나 또한 이것은 우리를 위해 율법을 완전하게 준행하신 그리스도의 능동적 순종에 기초한다. 우리를 위한 그리스도의 중보자적 사역은 그리스도의 공적 사역이 시작된 시점, 곧 그분이 세례 받으신 시점에 시작되었다. 바로 그때부터 그리스도는 모든 것을 단지 자신만을 위해서가 아니라 우리를

---

31) Ibid., 275.
32) Ibid.

위해 행하셨다. 우리가 그리스도를 구주로 영접할 때, 그리스도의 능동적 순종은 우리가 하나님과 함께하는 적극적 의를 소유했다는 것을 의미한다. 우리가 예수 그리스도의 의로 옷 입게 된 것이다. 우리의 죄책이 십자가에서 종결된 그리스도의 구속 사역, 즉 그분의 수동적 순종을 근거로 사라진 것이다. 그러나 또한 우리는 그리스도의 능동적 순종에 근거한 그분의 완전한 의로 옷 입게 된다.[33]

그러나 쉐퍼는 우리를 위한 그리스도의 중보자적 사역이 단지 그분이 세례를 받을 때 시작되었다고 말함으로써 논쟁의 여지를 남겨 두었다. 엄밀히 말하면, 그리스도는 우리를 위해 육신을 입고 이 땅에 태어나셨다. 그리스도의 탄생으로부터 십자가에서 당하신 죽음에 이르기까지, 그분이 행하신 모든 일들이 우리를 위한 것이다. 그리스도는 단순히 세례 받으신 이후뿐만 아니라 그분의 전 생애에 걸쳐 하나님의 율법에 순종하셨다. 예수 그리스도께서 받으신 세례는 그분이 세상의 죄를 짊어지고 가셔야 하는 세상의 구주이심을 다시금 확증하는 일종의 표식이다.[34] 사도 요한은 "하나님이 세상을 이처럼 사랑하사 독생자를 주셨으니 이는 그를 믿는 자마다 멸망하지 않고 영생을 얻게 하려 하심이라"(요 3:16)라고 선포했다.

지금까지 신자에게 전가되는 그리스도의 완전한 순종에 대한 주류 청교도들과 후기 개혁주의자들의 견해들을 살펴보았다. 17세기 청교도들의 저작과 이어지는 18세기 주요 개혁주의자들의 교리적 진술들을 통해, 이들이 16세기 종

---

33) Francis A. Schaeffer, *The Finished Work of Christ* (Wheaton, Illinois: Crossway Books, 1998), 19.
34) 요한복음 1:29; 마태복음 3:15; 참고. William Hendrickson, *New Testament Commentary Matthew* (Edinburgh: The Banner of Truth Trust, 1989), 213.

교개혁자들이 재발견한 오직 믿음으로 말미암는 칭의 교리와 관련된 그리스도의 능동적 순종의 전가에 대한 성경적 가르침을 웅변하였다고 결론지을 수 있다. 나아가 그들은 이 교리를 더 상세히 발전시키고 설명했으며, 많은 사람들이 이 진리를 알기를 소원했다. 17세기 청교도들과 후기 개혁주의자들의 차이점은 심각한 것이 아니다. 앞서 본 장에서 고찰한 열한 명의 청교도들은 그리스도의 능동적 순종의 전가 교리라는 개혁주의 신학에 입각한 교리에 만장일치로 동의하고 있으며, 단지 그리스도의 삶과 죽음에 나타난 순종을 표현하고 설명하는 데 서로 다른 용어를 사용할 뿐이다. 특히 그들은 대부분 그리스도의 능동적 순종의 전가를 주장하되, 그리스도의 순종의 연합에 민감한 관심을 보였다.

3부
역사적 반론들과 비평

    그리스도의 능동적 순종의 전가 교리를 모두가 환영한 것은 아니다. 이제 보편적으로 받아들여진 이 교리에 반대하는 사상을 몇 가지 살펴보고, 청교도들이 어떤 이유로 그들의 주장에 반박했는지를 고찰하고자 한다. 이러한 고찰은 좀 더 역사적인 연구가 될 것이며, 조직신학적 분석이 될 것이다. 17세기 청교도들은 개혁주의 칭의 교리와 전가 교리에 반대하는 이들과 싸웠는데, 그들은 바로 로마 가톨릭주의(Roman Catholicism), 알미니안주의(Arminianism), 소시니안주의(Socinianism), 율법폐기론주의, 신율법주의(Neonomianism) 등이다. 그중에는 영원한 칭의가 신자의 믿음보다 선행한다고 주장하는 사람들도 있었다. 청교도들은 이런 잘못된 견해들을 훌륭하게 논박하고 배격했다. 특히 17세기 영국의 칼빈이라고 불리는 청교도의 황태자 존 오웬은 그중에서도 단연 최고의 인물이다. 따라서 우리가 이런 반대자들을 연대기적으로 면밀하게 연구할 때, 존 오웬이 이 논쟁과 관련된 주요 대변인이 될 것이다.

    신자를 향한 그리스도의 능동적 순종의 전가에 대한 반대를 올바로 이해하려면, 먼저 17세기 영국의 역사적 정황과 로마 가톨릭교회의 입장을 개관해야 한다.

1장

로마 가톨릭주의(Roman Catholicism)

    이 무렵 추기경 벨라마인(Cardinal Bellamine, 1542-1621)은 칭의 교리에 대한 트렌트 공의회의 입장을 변호했다. 벨라마인은 로마 가톨릭의 신학을 변호하는 가장 탁월한 인물 중 하나였다. 벨라마인이 비록 "우리 자신의 의가 불확실하고 헛된 영광이라는 위험을 안고 있으므로 우리는 전적으로 오직 하나님의 자비와 사랑만을 신뢰해야 한다"[1]라고 고백하기는 했지만, 그는 단 한 번도 로마 가톨릭의 칭의 교리를 포기한 적이 없다. 오히려 벨라마인은 우리가 의롭다 함을 받게 되는 의는 주입된 의이며 유전적인 의라는 옛 로마 가톨릭의 칭의 교리를 확고하게 주장하고 변호했다. 벨라마인이 의에 대한 이 두 가지 다른 이해를 상호 보완적인 요소이며 일관된 것으로 여겼을 가능성이 농후하다.

    그러나 청교도들은 주입된 의에 기초한 로마 가톨릭의 칭의 교리를 배격하

---

1) Buchanan, *The Doctrine of Justification*, 214.

는 데 견해를 같이한다. 예를 들면, 칭의 교리를 해설할 때 오웬의 주요 관심사는 "칭의 교리를 상세하게 해설하고, 교황주의자들과 소시니안주의자들과 알미니안주의자들로부터 변호하는" 것이었다.[2] 오웬은 여러 번 벨라마인[3]을 언급하면서, 많은 부분을 할애하여 로마 가톨릭의 잘못된 칭의 교리를 폭로한다. 오웬은, 바울과 야고보의 가르침 사이에 명백해 보이는 차이점을 해결하려고 하다가 잘못된 방향으로 흘러 칭의를 첫 번째 칭의와 두 번째 칭의로 제안하는 로마 가톨릭의 잘못된 견해를 신랄하게 정죄한다. 오웬은 "그들이 말하는 첫째 칭의는 유전적 원리 또는 은혜나 자비의 기질을 우리에게 전달 또는 주입해 주는 것이며, 둘째 칭의는 그로 말미암는 영향 또는 결과이다. 그러므로 그들에게 우리가 의롭게 되는 칭의의 순전한 공식적 원인은 선행이다"라고 밝힌다.[4] 에롤 헐스(Erroll Hulse)는 이것을 다음과 같이 더욱 상세히 설명한다.

> 로마 교회가 정의하는 첫째 칭의는 원죄가 소멸되고 모든 죄의 습관들이 내쫓김을 당하는, 은혜의 주입으로서의 세례(baptism)이다. 둘째 칭의는 의인들이 영원한 생명에 공헌하는, 선한 행위로서의 의이다. 이러한 칭의의 두 번째 단계는, '고해성사'와 죽음 이후 연옥의 불에서 정화되는 것을 포

---

2) Owen, 12:594. 참고. Philip H. Eveson, *Seeing the Lord: The Case for Forensic Justification in John Owen* (Westminster Conference, 2000), 28.
3) 예를 들면, 오웬은 자신의 저작 제5권 20장에서, 조지 불(George Bull, 1634-1707)과 같이 의롭다 하시는 참된 믿음이 야고보서가 의도한 믿음이라 주장하고 그것을 증명하려 한 벨라마인의 빈약한 시도를 비판한다. 조지 불은 『사도의 일치』(*Harmonia Apostloica*)라는 저서를 통해 바울과 야고보를 화해시키려고 노력한다. 이것은 왕정복고 시대의 '성공회적 도덕주의자'들의 전형적인 특징은 아니었는데, 이러한 학파로는 제레미 테일러와 조지 불 등이 대표적인 인물로 꼽힌다. 이런 논점의 더욱 상세한 논의에 대해서는 다음을 참고하라. Alister McGrath, *Iustitia Dei*, 2d ed. (Cambridge, 1998), 292-298. 이들은 초창기 성공회 신학자들과는 다른 노선을 걷는다. 한편, 사도 바울과 야고보의 관계에 대해 오웬은 "바울은 칭의 교리의 본질과 원인에 대해, 야고보는 그 표지와 증거에 대해 다룬다"라고 올바르게 지적했다.
4) Owen, 5:137-138.

함하여 인간의 전 생애에 걸쳐 계속되는 과정으로 여겨진다.[5]

오웬은 로마 가톨릭이 이렇게 구분하는 목적을 "순전한 복음의 전체 교리에 혼란을 가져오기 위함"으로 생각한다.[6] 이어서 그는 이렇게 구분함으로써 "하나님의 무조건적인 은혜와 오직 예수 그리스도의 보혈을 믿는 믿음으로 말미암는 칭의가 사라지게 된다. 성화가 칭의 안으로 들어오고 칭의의 열매로서의 성화를 공로적인 것으로 만들어 버림으로써 칭의 교리가 더럽혀진다"라고 말한다.[7] 만일 그렇다면 칭의는 점진적이며, 반드시 점진적이어야만 한다. 그들이 우리가 받은 칭의의 연속성을 주장하고 있는 셈이다. 결과적으로 칭의는 곧 성화가 되고 만다. 오웬은 칭의 교리에 대한 이런 잘못된 견해를 다음과 같이 날카롭게 풍자한다.

> 그들은 두 가지 칭의뿐만 아니라 내가 아는 한 스무 가지 칭의를 만들어내는 셈이다. 왜냐하면 "우리의 속사람이 날마다 새로워지며"(고후 4:16 참고), 우리가 주와 같은 형상으로 변화하여 "영광에서 영광에" 이르게 될 것이기 때문이다(고후 3:18 참고)……만일 그들의 칭의가 바로 이 국면에 존재한다면 그들은 날마다 의롭게 되는 것이다.[8]

오웬과 마찬가지로, 그류도 칭의와 성화가 불가분리로 연결되어 있지만 반드시 구별되어야 한다는 복음적 개신교의 입장을 올바르게 지적한다.

---

5) Erroll Hulse, *Who are the Puritans? and What Do They Teach?*, 125.
6) Owen, 5:138.
7) Ibid.
8) Ibid., 5:138-139.

교황주의자들이 전가된 의를 부정하지는 않을 것이다. 그들은 오히려 하나님께서 우리에게 전가하시는 의가 우리 안에 있는 은혜로서의 유전적 의라고 말할 것이다. 그러나 하나님은 도대체 어떻게 불의한 자를 의롭다고 하시는가? 하나님은 어떻게 은혜를 소유하지 못한 자들을 의롭게 하실 수 있는가? 내가 이전에 증명한 대로, 칭의는 비록 그들을 그 상태 그대로 내버려 두지는 않지만 반드시 인간이 불의하다고 선언한다. 게다가 여기서 교황주의자들은 칭의와 성화를, 믿음과 행위를, 율법과 복음을, 첫째 언약과 둘째 언약을 혼합하려 한다. 이것은 설령 더욱 나쁘지는 않다 할지라도, 적어도 사도 바울이 고소하듯이 동일한 이유로 참된 복음에서 떠나 '다른 복음'을 좇았던 갈라디아인들만큼이나 나쁜 것이다.[9]

때때로 로마 가톨릭은 주입된 의에 기초한 칭의 교리를 주장하면서 어거스틴과 토마스 아퀴나스(Thomas Aquinas)에게 호소한다. 그러나 우리는 그리스도의 의의 전가가 실제적이고도 물리적인 변화가 아니라 법정적이고도 사법적인 선언임을 이미 증명하였다. 윌리엄 에임스는 거듭 "이것이 판결의 선고와 같다"는 것을 분명히 밝힌다.[10] 또한 에임스는 "그러므로 토마스 아퀴나스와 그 추종자들은 칭의를 일종의 불의한 상태로부터 의의 상태로 물리적으로 이동하는 것, 즉 실제적인 변형과 변질로 만들어 버림으로써 전적으로 오류를 범했다"라고 말한다.[11] 오웬을 계승한 데이비드 클락슨도 우리가 의롭다함을 받는 것은 의롭다 하는 우리의 의가 아니라 그리스도의 순종의 전가로 말미암는다는 사실을 너무 확실하게 증언한다. 클락슨은 알미니안주의의 전가 교리를

---

9) Grew, *The Lord Our Righteousness*, 47.
10) Ames, *The Marrow of Theology*, 161.
11) Ibid.

배격할 뿐만 아니라, 교황주의자와 예수회, 바스케즈, 그리고 벨라마인의 견해를 모두 비판하며 배격한다. 클락슨은, "오직 그리스도의 의만이 특전이며 주권적인 덕목으로서 대속적이며 공로적"일 수 있는데도 "'인간'의 의를 그렇게 대속적이며 공로적일 수 있다"고 내세우는 것을 어리석은 개념으로 여겨, 이를 정면으로 비판한다.[12] 클락슨이 오직 그리스도의 순종만이 전가된다고 본다는 것은 명백하다. 클락슨에 따르면, "우리에게 전가된다는 것은 그리스도께서 우리를 대신하여 수행하신 의가 우리를 위해 받아들여진다는 것"을 의미한다.[13] 그러므로 칭의에 인간의 의가 비집고 들어갈 여지는 전혀 없다.

그러므로 웨스트민스터 종교 회의에서 청교도들이 "오직 믿음으로 말미암는" 칭의를 말할 때, 그 믿음이 비공로적인(nonmeritorius) 것이라는 사실이 명백해진다. 더 나아가 『웨스트민스터 소요리문답』(Westminster Shorter Catechism)은 칭의가 법정적이며 법률상의 행위임을 분명히 진술한다. 의는 주입되는 것이 아니라 전가되는 것이다. 이러한 진술을 토대로, 청교도들은 교황주의자들이 주장하는 바 주입된 의를 만장일치로 배격했다. 따라서 로버트 트레일은 다음과 같이 경고한다.

> 많은 건축가들이 그들 자신의 의를 토대로 하여 확고한 집을 세우려고 시도했다. 그러나 그것은 기초가 없는 집일 뿐이며, 틀림없이 무너지거나 어리석은 건축가 자신이 무너뜨리게 될 것인데, 오히려 그게 더 나을 수도 있다. 이것은 자신의 죽어 가는 상태를 잘 알고 있는 분별 있는 사람들에 의해 일반적으로 확증된 구원의 길에 대한 위대한 진리와 교리의 시금석이다.[14]

---

12) Clarkson, 1:321.
13) Clarkson, 1:295.
14) Trail, *Justification Vindicated*, 33.

알미니안주의(Arminianism)

윌리엄 라우드(William Laud)는 1633년에 영국 캔터베리(Canterbury)의 대주교가 되었다. 라우드는 엄격한 알미니안주의자였다. 그는 청교도들을 혐오했고, 로마 가톨릭의 의식과 복장을 고집했으며, 청교도 목사들을 최대한 무시하고 과소평가하였다. 바로 이러한 이유로, 찰스 1세 때 알미니안주의가 널리 퍼져 나가고 매우 빠르게 확대되었다. 라우드의 목적은 로마 가톨릭의 관례와 의식을 부활시키는 것이었다. 캔터베리에서 라우드가 대주교로 있던 기간에 많은 청교도들이 고난을 당하고 가혹한 대우를 받았다. 그러나 그중 독립교회주의자였던 청교도 목사 존 굿윈(John Goodwin, 1594-1665)은 예외였다. 그가 전형적인 알미니안주의자였기 때문이다. 존 굿윈은 죄의 사면 안에 죄인이 철저하게 완전히 의롭게 되었다는 것이 함축되어 있고, 따라서 그리스도의 의의 전가가 필요하지 않다고 주장했다. 윌리엄 홀러(William Haller)는 존 굿윈의 주장에 대해 다음과 같이 잘 지적한다.

굿원이 주장하는 바의 요점은, 속죄가 그리스도의 의를 죄인에게로 옮겨 주거나 전가하지 않으며, 단지 그들이 원하기만 하면 그 의로 말미암아 그들이 의롭게 되고 구원받을 수 있게 된다는 것을 믿을 능력을 제공한다는 것이다. 다시 말하면, 인간은 믿음으로 말미암아 구원을 얻는데, 그 믿음이 그로 하여금 진리를 추구하게 하고 거기에 순종하게 함으로써 그를 구원한다는 것이다.[1]

알미니우스(Arminius)의 추종자인 알미니안주의자들은 "그리스도의 죽음이 희생적 제사였다고 주장하는 동시에, 그 희생 제물이 절대 부채의 지불로 간주되거나 공의에 대한 완전한 만족으로 간주되어서는 안 된다고 주장했다."[2] 그들은 형벌적 대속이라는 속죄의 견해를 부인했으며, 그리스도께서 온 역사를 통해 모든 개인을 위해 고난받으셨다고 믿는다. 그리스도의 속죄를 일반적 또는 보편적으로 만든 것이다. 그렇다고 해서 그리스도의 속죄가 보편적인 효과를 발생시키는 것은 결코 아니다. 왜냐하면 많은 이들이 여전히 구원받지 못하고 멸망당하기 때문이다. 그래서 그들은 죄인이 자기 고집으로 인해 그들에게 제공된 그리스도의 속죄를 거절할 수 있다고 주장했으며, 신적 목적 또는 초대를 무효화하는 데까지 나아갔다.

청교도들은 이런 알미니안주의를 배격했다. 1642년 봄에 존 오웬은 그의 초창기 작품인 『알미니안주의의 폭로』(A Display of Arminianism)를 저술했다. 이 책은 라우드 대주교의 비호 아래 빠르게 발전한 알미니안주의 식의 사상과 교조에 도전하고, 그에 맞서 개혁주의 전통의 진리를 변증하려는 목적으로 집필

---

[1] William Haller, *The Rise of Puritanism* (Pennsylvania: University of Pennsylvania Press, 1972), 200; William Barker, *Puritan Profiles* (Ross-Shire: Mentor, 2003), 246-247에 인용됨.
[2] Berkhof, *The History of Christian Doctrine* (Edinburgh: The Banner of Truth Trust, 1969), 188.

되었다. 알미니안주의자들은 삼위일체 하나님의 삼위적-구원 사역(inter-trinitarian work)을 면밀하게 고찰하지 않았고, 결국 칭의를 단순한 죄의 용서로 제한하고 말았다. 오히려 그들은 오직 그리스도의 의의 전가를 거절했다. 존 오웬은 알미니안주의가 주장하는 그리스도를 "반쪽짜리 중보자"로 이름 지었으며, 알미니안주의가 말하는 구원의 조건을 불가능한 것이라고 조소하며 비판했다. 그것은 "마치 사람이 맹인에게 눈을 뜬다는 조건으로 천 파운드를 주겠다고 약속하는 것"과 같다.[3] 오웬은 칭의를 다룬 자신의 작품에서 칭의 교리의 전가에 대한 이런 잘못된 견해를 비판하고 바로잡는다.

사실상 존 오웬은 삼위일체적 언약 신학자였다. 오웬은 거룩하신 삼위일체 교리와 언약 신학을 변증했고, 구속 언약에 대한 깊은 이해를 가지고 있었다. 오웬은 삼위일체 교리를 다룬 그의 저작에서 무엇보다도 먼저 그리스도의 교리를 변호하는데, 특히 1655년에 출간된 『복음 변증』(Vindiciae Evangelicae)이라는 작품에 그것이 잘 드러난다. 미국 웨스트민스터 신학교의 역사신학 교수인 칼 트루먼(Carl Trueman)은 "오웬은 성부와 성자와 성령의 상호 협정에 의해 수립된 구원 계획이 시간 안에서 구속을 성취한 것으로 보았다"라고 말한다.[4] 피터 툰(Peter Toon)은 청교도들의 언약(동맹) 신학에 반대하는 페리 밀러(Perry Miller)의 과격한 주장을 배격하면서 이렇게 진술한다.

> 오웬은 1677년에 출간된 저서 『오직 믿음으로 말미암는 칭의 교리』(The Doctrine of Justification by Faith)에서뿐만 아니라 그의 주석에서도 하나님

---

3) Alister E. McGrath, *Iustitia Dei* (Cambridge, 1998)에서 인용됨. 알미니안주의에 대한 좀 더 철저하고도 상세한 논의에 대해서는 다음을 참고하라. John Owen, *The Works of John Owen, Justification*, Vol. 5, ed. W. H. Goold (Johnston and Hunter, 1850-1853; reprint, Edinburgh: The Banner of Truth Trust, 1965), 2-139.
4) Carl Trueman, "John Owen as a Theologian" in *John Owen: The Man and His Theology*, ed. Robert W. Oliver (Evangelical Press, 2002), 60.

의 주권과 예정을 강조하기 위해 언약 신학을 사용한다. 그리고 오웬은 은혜 언약에 대한 모든 인간적 반응이 하나님의 은혜로운 도우심과 신자 개인을 강하게 하시는 힘 주심의 견지에서 이루어진다고 보았다. 언약 신학은 오웬과 그의 많은 동료들에게 인간과 하나님의 관계, 인간의 위치, 세상에서의 역할에 대한 그들의 견해에 지성적인 틀을 제공해 주었다. 구속 언약을 통해 그들은 창조와 구원의 의미에 대한 답을 찾았다. 넓은 의미에서 볼 때, 그들은 은혜 언약을 통해 아브라함의 선택과 선택된 민족으로서 아브라함의 후손들, 성육신, 십자가에서 당하신 죽음, 부활, 예수 그리스도의 승천, 교회, 성령의 은사, 최후의 심판, 그리고 천국과 지옥에 대한 이유를 이해할 수 있었다. 행위 언약을 통해 그들은 인간의 본성과 책임, 우주에서의 위치, 그의 고난과 세상에 악이 존재하는 이유에 대한 답을 발견했다. 언약 신학이란 확실히 포괄적인 개념이 아닐 수 없으며, 1643년 이후부터 오웬의 사상의 배경이 되었다.[5]

오웬의 동료이자 후계자였던 데이비드 클락슨 역시 알미니안주의의 모순을 잘 지적했다. 만일 알미니안주의자가 그리스도의 의에 참여하기를 거절한다면, 그것은 곧 전가에 대한 모든 가르침을 거절한다는 의미이다. 클락슨은 "알미니안주의자들처럼 그리스도의 의에 참여하기를 거절하는 것은 그것이 우리에게 전가되는 것을 부정하는 것과 마찬가지이다"라고 말했다. 반대로 그리스도의 의의 전가를 부정하는 것은 곧 그리스도의 의에 참여할 수 없게 만드는 것이다. 그러므로 그리스도의 직극직인 의의 전가를 부인하는 알미니안수의자들은 자력으로 구원을 얻어야만 하는 처절한 상태에 놓이게 될 것이다. 왜냐하면 자

---

5) Toon, *God's Statesman*, 170-171.

력으로는 구원을 얻을 수 없다는 것이 성경, 특히 바울서신을 비롯한 신약성경이 일관되게 가르치는 바이기 때문이다.

소시니안주의(Socinianism)

소시니안주의는 16세기 후반에 출현했고, 초창기에는 주로 이탈리아와 폴란드에 국한되어 확산되었다. 그러나 얼마 지나지 않아 소시니안주의는 대륙으로 빠르게 퍼져 나갔고, 영국으로까지 유입되었다. 소시니안주의가 주장하는 칭의 교리를 정리하자면, 하나님의 순전한 자비를 통해 죄인이 자기 자신의 회개와 삶의 개혁과 개정을 기초로 죄를 사면받고 하나님께 용인받는 것이라 할 것이다. 그들은 우리가 받는 칭의의 근거와 이유가 그리스도의 속죄 사역과 그분이 우리를 위해 십자가에서 행하신 일에 있지 않고, 우리의 믿음과 회개와 삶의 개선에 있다고 주장한다.

그래서 그들은 심각할 정도로 예수 그리스도의 대속을 부정한다. 그들은 그리스도의 사역을 그저 선한 일을 행한 모범(example)과 본보기(model) 정도로 왜곡한다. 그류에 따르면, 소시니안주의자들은 무조건적인 은혜에 굴복하면서도 다른 한편으로는 무례하게도 그리스도의 속전을 배격한다. 그들은 삶과 죽음을 통해 순종하시고 의를 이루신 예수 그리스도를 단지 선한 사람이나 순교자의 훌륭한 본보기로 여길 뿐, 우리를 위한 화목자나 공로자로 보지는 않는 것이다.[1]

이와 같이 그들은 복음적인 칭의 교리의 핵심을 전적으로 부인한다. 대속의 사상과 전가의 개념이 자기모순을 지녔다고 믿기 때문에 그리스도의 완전한 순종의 전가를 부정하는 것이다. 벌코프(Louis Berkhof)는 이러한 소시니안주의의 교리를 "유전적 선함과 인간의 영적 능력이라는 믿음을 동반한 고대 펠라기우스주의의 재출현"으로 간주했다.[2] 1605년에 출간된 『폴란드 라코우 요리문답서』(Polish Racovian Catechism)는 소시니안주의의 신학적 입장을 매우 간결하고도 체계적으로 표현한다. 이 요리문답서는 1652년에 영국에서 출간되어 큰 영향을 끼치기 시작했다.

가장 잘 알려진 영국의 소시니안주의자는 존 비들(John Biddle, 1616-1662)이다. 그는 성경 번역 문제로 화형을 당했던 윌리엄 틴데일(William Tyndale)이 수학한 옥스퍼드 막달렌 대학(Magdalen College)에서 교육을 받고 학사 학위를 받았다. 그러나 삼위일체에 대한 그의 견해는 정통 교리와는 달랐다. 비들은 "오직 하나의 무한하며 전능한 실재만이 있을 뿐이다. 따라서 그 실재는 오직 한 분으로만 존재한다"라고 믿었다.[3] 그는 결국 유니테리언주의(Unitarianism), 즉 일신론주의의 대표자가 되고 말았다. 비들은 몇 개의 소논문을 작성했는데, 그중에는 『성령의 신성에 반대하는 열두 가지 논증』(Twelve Arguments against the Deity of the Holy Spirit, 1648), 『성경에 기초한 삼위일체에 대한 신앙고백서』(A Confession of Faith Touching the Holy Trinity According to Scripture, 1648), 『이중 요리

---

1) Grew, The Lord Our Righteousness, 34.
2) Louis Berkhof, The History of Christian Doctrine, 185.
3) Benjamin Brooks, The Lives of the Puritans, Vol. 3 (Ligonior: Soli Deo Gloria, 1994), 412.

문답서』(*A Twofold Catechism*, 1654) 등이 있다. 이 논문들은 하나같이 삼위일체에 대한 정통 개혁주의 교리를 공격하고 있다. 왜냐하면 이 논문들이 그리스도의 신성을 부인할 뿐만 아니라 죄에 대한 형벌로서 그리스도가 당하신 죽음을 부인하기 때문이다. 그러자 저명한 존 오웬은 1655년에 비들의 『이중 요리문답서』에 대한 응답으로 『복음 변증: 또는 복음의 신비의 변증, 소시니안주의의 검토』(*Vindiciae Evangeliciae; or the Mystery of the Gospel Vindicated, Socinianism examined*)라는 작품을 출간하였다. 또한 오웬은 칭의 교리를 다룬 자신의 작품에서 칭의에 대한 소시니안주의의 오류를 신중하게 비판하였다. 오웬은 칭의 교리에 대한 소시니안주의의 입장을 다음과 같이 요약한다.

> 그들의 모든 논의들은 다 이 목적을 염두에 두고 있다. 그들은, 믿음의 형식과 본질이라고 간주하는 우리의 개인적 의와 거룩 또는 그리스도의 명령에 대한 우리의 순종이 우리가 칭의를 확보하거나 죄를 사면받는 조건이 된다고 주장한다.[4]

그리고 나서 오웬은 소시니안주의가 왜 이런 결론에 이를 수밖에 없는지를 다음과 같이 진단한다. "그리스도의 인성과 관련하여 실제로 그리스도의 대속과 공로를 부인하는 그들의 견해를 고찰할 때, 그들이 칭의에 대해 다른 견해나 사상을 마음에 품는다는 것은 전혀 불가능한 일이다."[5] 더 나아가 데이비드 클락슨은 소시니안주의자들을 가리켜 다른 영을 소유한 자들이라고 맹렬히 비난한다.

---

4) Owen, 5:153-154.
5) Ibid., 154.

소시누스(Socinus)와 그의 불쌍한 추종자들이 모두 그러하듯, 이 의의 목적을 부인하는 사람들은 그리스도의 대속도 부인한다. 그리스도의 의 자체를 부인한 결과, 그 의에 아무런 가치도 없다는 결론을 내리게 된다. 만일 그리스도의 의가 아무런 만족이나 속죄의 효과가 없다면, 그것은 공로적일 수가 없다. 대속과 만족이 손상된 공의를 화목시키지 않는다면, 분명 그 어떤 자비도 생산될 수 없다. 그리고 만일 공로가 우리를 위해 아무런 만족도 가져오지 못한다면, 그것이 무슨 소용이 있겠는가? 그것이 어떤 가치가 있다는 말인가? 도대체 사도 바울은 무엇 때문에 죽음에 이르기까지 그것을 위해 고난받기를 즐거워하고, 그것을 가장 고상하고 귀한 것으로 여겼다는 말인가? 분명히 말하지만, 소시누스와 그 추종자들이야말로 사도 바울을 이끌었던 동일한 영의 이끌림을 받는 자들이 아닌 것이다.[6]

---

6) Clarkson, 1:321.

4장
율법폐기론주의, 신율법주의, 그리고 고-칼빈주의

이제 율법폐기론주의와 신율법주의 논쟁, 그리고 이와 관련된 고-칼빈주의(Hyper Calvinism)를 함께 묶어 역사적으로 간략하게 다루고자 한다. 이런 정황 속에서 리처드 백스터와 존 오웬은 이 논의의 주요 인물들이 될 수밖에 없다. 알미니안주의와 존 굿윈을 향한 오웬의 신학적 논쟁과 전투는 리처드 백스터와의 논쟁을 촉발시켰다. 오웬이 칭의의 공식적인 기초가 "그리스도의 의의 전가"라고 주장한 반면, 백스터는 칭의의 공식적인 원인이 "그리스도의 의 때문에 의로 인정되는 신자 개인의 믿음"이라고 주장했다.[1] 백스터는, 그리스도께서 우리를 위해 옛 언약을 성취하셨으며, 그리하여 인간으로 하여금 좀 더 관대한 새 언약을 기초로 의롭다함을 받을 수 있게 하셨다고 말한다.[2] 그러나 이 논쟁은 생각보다 복잡하다. 이것이 소위 백스터주의(Baxterianism)라고 불리는

---

1) Richard Baxter, *Treaties of Justifying Righteousness* (London, 1676), 29,88,129-130.
2) Richard Baxter, *Aphorisms on Justification* (Hague, 1655), 70.

신율법주의뿐만 아니라 율법폐기론주의 논쟁과도 연결되어 있기 때문이다. 따라서 리처드 백스터와 존 오웬 사이의 논쟁을 올바로 이해하려면, 무엇보다도 율법폐기론주의라는 논쟁의 배경을 설명하는 것이 중요하다.

첫 번째 율법폐기론 논쟁은 1640년대에 촉발되었다. 율법폐기론은 토비아스 크리습(1600-1642)과 존 솔트마쉬(John Saltmarsh, 1612-1647)와 존 이튼(John Eaton, 1575-1641)의 출판물과 더불어 시작되었다. 이들은 모두 정통적인 신학자들이었지만, 불행하게도 그들의 정통 신학의 구조는 율법폐기론으로 발전되었다. 출판인 로버트 랑카스터(Robert Lancaster)는 1642년에 존 이튼의 『무조건적 칭의의 구조』(A Honeycombe of Free Justification)와 토비아스 크리습의 『설교전집』(Collected Sermons)을 출판했다. 그리고 존 솔트마쉬가 이 작품들을 추천하고 크게 지지했다. 크리습의 작품을 보면, 주로 특정하고도 독특한 정통 교리의 기초에 그 논쟁의 강조점이 있다. 이러한 강조점은 칭의의 순간과 믿음의 역할에 관한 것이다. 크리습의 주장의 핵심은, 인간의 죄가 실제적으로 그리스도에게로 옮겨 가며, 하나님께서 그리스도를 형벌하실 때 인간의 죄를 실제적 의미에서 벌하신다는 것이다.[3] 이러한 교리의 당연한 결과로, 크리습은 구원서정에서 칭의를 믿음보다 선행하는 것으로 두는 새로운 칭의 교리를 발전시켰다. 결과적으로 믿음이 그리스도의 의를 붙잡는 수단이나 칭의를 불러일으키는 일종의 도구로서가 아니라 그리스도 안에서 선행하는 칭의를 드러내는 수단이 된다.[4]

---

3) "하나님은 그리스도에게 피의 형벌이라는 고통을 주셨을 뿐만 아니라 심지어 그에게 죄악 그 자체를 부과하셨다. 내가 말하는 죄악이란 택함 받은 자들의 죄악을 뜻한다." Tobias Crisp, *Christ Alone Exalted* 1, 267; "그리스도로 말미암아 유익을 받을 그들이 범한 죄악 그 자체를 그리스도에게 두신 것이다." Ibid., 269; Carl Trueman, *The Claims of Truth*, 208에 인용됨.
4) "믿음은 오직 그리스도께서 사람에게 입혀 주신 칭의의 현현으로 사용된다. 말하자면, 당신은 그리스도를 믿음으로 말미암아 칭의의 선언과 현현을 소유하게 되는 것이다." Crisp, *Christ Alone Exalted* 1, 91; Carl Trueman, *The Claims of Truth*, 208에 인용됨.

캠벨(Campbell)은 크리습의 칭의 교리를 세 단계의 칭의, 즉 영원적, 실제적, 현실적인 것으로 묘사한다.[5] 캠벨에 따르면, 크리습은 "신자가 이미 영원 전에 하나님으로부터 의롭다함을 받았다"고 가르친다. 예수 그리스도의 부활은 실제적 칭의로서 이를 증명한다. 그리고 마지막으로 신자가 시간 역사 안에서 어떤 특정한 때에 구세주를 믿으면, 그가 현실적으로 의로워진다. 따라서 "이 믿음의 행위는 본질적으로 그가 이미 의롭다함을 받았다는 깨달음일 뿐이며, 믿음이 성취되었다는 내적인 보증이요 확증이다."[6]

요약하자면, 율법폐기론주의자인 크리습은, 우리가 실제로 구세주를 죄인으로 만들고 죄인을 구주로 만든다고 본다. 즉, 하나님께서 그리스도가 행하고 고난받으신 것을 실제로 죄인이 행하고 고난받는 것처럼 여기시며, 동시에 그리스도께서 실제로 죄인의 죄를 범하고 그들의 죄책을 담당하신다고 말하는 것이다. 그렇다면 우리가 실제로 그리스도를 닮아 가려고 노력하거나 거룩하게 되기 위하여 애쓸 필요가 없어진다. 하나님이 거룩하니 우리도 거룩해야 한다는 명령도 필요 없어진다(벧전 1:15,16 참고). 왜냐하면 죄인이 믿음의 칭의로 의인이 될 때, 그가 법적·신분적으로뿐만 아니라 실제적·도덕적으로도 의로워지기 때문이다.

이와 동일한 강조점이 솔트마쉬나 그의 견해를 공유하는 몇몇 정통주의자들에게서도 분명히 드러난다. 또 다른 청교도들인 윌리엄 펨블(William Pemble)과 윌리엄 트위세도 하나님 앞에서의 칭의를 믿음 앞에 두었다. 이러한 정통주의자들을 가리켜 우리는 종종 "율법폐기론주의자"라고 칭한다. 왜냐하면 그들의 주장에 따르면 믿음 이전에 인간이 의롭다함을 받았고 믿음의 순간에는 이미

---

5) Campbell, *The Antinomian Controversy of the 17th Century, Living the Christian Life* (Westminster Conference, 1974), 70.
6) Ibid., 70.

받은 그 칭의를 깨닫는 것인데, 그 칭의로 그리스도께서 실제로 죄인이 되시고 죄인이 실제로 그리스도의 의를 받으므로, 결국 더는 거룩을 추구하는 율법의 계명을 지키지 않아도 된다는, 자동적이고도 논리적인 결과를 낳기 때문이다. 오웬은 동시대 청교도 목사였던 윌리엄 트위세를 대단히 존중하고 존경했지만, 그가 주장한 바 하나님께서 대속 없이도 죄를 용서하실 수 있다는 고-칼빈주의적 견해에는 분명히 반대했다.[7]

한편 리처드 백스터[8]는 고-칼빈주의자들의 견해에 내포된 위험을 잘 간파했다. 그는 의회 군대의 목사가 되었을 당시 고-칼빈주의적 칭의의 위험성을 통감했다. 이 군대에 존 솔트마쉬가 있었다. 백스터는 솔트마쉬 같은 인물이 토대로 삼은 율법폐기론주의에 두 가지 큰 기둥이 있다고 주장했다. 그중 하나는 영원으로부터의 칭의 이론이고, 다른 하나는 은혜 언약의 조건성에 대한 부인이다.[9] 그러나 불행하게도 백스터는 '칭의'라는 주제를 포함하여 여러 사안에 대해 개혁주의 노선을 지향하지 않았다. 1640년대 이전에 백스터의 구원론(Soteriology)은 동시대 청교도들의 개혁주의 구원론과 전혀 다르지 않았다. 백스터는 자력 구원을 조장하는 알미니안주의에 반대했으며, 만인 속죄론의 부당성을 배격하며 논쟁했다. 백스터는 윌리엄 트위세와 사무엘 루터포드(Samuel Rutherford)의

---

7) 윌리엄 트위세를 향한 존 오웬의 존경심은 다음 작품에서 그를 일컫는 호칭에서 잘 드러난다. "이 훌륭한 사람, 학식 있는 우리의 반대자 트위세, 저명한 우리의 반대자, 명망 있는 사람, 뛰어나고 빈틈없는 트위세." James Reid, *Memoirs of the Westminster Divines* I (Edinburgh: The Banner of Truth Trust, 1981; reprinted edition of 1811 and 1815), 55; William Barker, *Puritan Profiles*, 21에도 인용됨.

8) 칭의 교리와 관련된 율법폐기론에 대한 백스터의 삶과 사상에 대해서는 다음을 참고하라. Tim Cooper, *Fear and polemic in Seventeenth Century England: Richard Baxter and Antinomianism* (USA, Ashgate, 2001). 팀 쿠퍼는 백스터의 동시대 인물과 역사학자들이 한결같이 파괴적이고 부도덕하며 과격하다고 비판했던 율법폐기론을 향한 백스터의 깊은 혐오감이 담긴 그의 지적 이력과 생애를 치밀하게 고찰한다. 율법폐기론에 대한 백스터의 이러한 반감은 초창기 그가 왜 율법폐기론을 지지했는지에 대한 궁금증을 자아낸다. 쿠퍼는 백스터의 이런 혐오감이 영국의 시민전쟁이라는 사회적 정황과 상당 부분 관계 있다고 주장함으로써 백스터의 견해가 왜 변했는지를 고찰한다. 본서는 영국의 시민전쟁이 신학자 백스터가 조장하고 발전시킨 논증, 즉 율법폐기론에 반대하는 논증의 뿌리가 되었다고 간주하고 있다.

9) Richard Baxter, *Aphorisms of Justification* I:173; Hans Boersma, *A Hot Pepper Corn*, 69에서 인용됨.

글을 면밀히 조사했다. 이 기간에 백스터의 사상은 동시대 청교도주의와 동일한 것으로 보였다.[10] 그러나 1640년대가 지나는 동안 모든 것이 바뀌었다. 특히 백스터의 구원론은 완전히 달라졌다.[11] 10년 동안 구원론적 사안에 대한 백스터의 견해가 전격적으로 바뀐 것이다. 그리고 거의 1640년대가 끝날 무렵, 백스터는 율법폐기론주의의 모든 부분을 실오라기 하나 남기지 않고 공격하는 구원론적 체계를 형성했다.[12] 당연히 백스터는 한정적(제한) 속죄도 믿지 않았다. 백스터는, 그리스도의 죽음이 대속적 죽음이 아니었다고 말한다. 그는 그리스도께서 택자들의 죄뿐만 아니라 모든 이들의 죄에 대한 형벌의 값을 지불하셨다고 믿었다. 또한 그는 그리스도의 의가 우리 칭의의 근거와 보증이 된다는 점을 부인했다. 백스터는 이에 대해『칭의의 경구』(Aphorismes of Justification)라는 작품에서 다음과 같이 말한다.

> 그러므로 우리의 복음적 또는 새 언약의 의가 우리 안이 아니라 그리스도 안에 있다고 확증하는 것과 우리에 의해서가 아니라 그리스도에 의해 수행되었다고 확증하는 것은, 언약의 본질과 상이성을 아는 사람이라면 절대 받아들일 수 없을 뿐만 아니라 그리스도인이라면 반드시 참을 수 없는 것으로 혐오해야만 하는 율법폐기론이나 다름없다.[13]

또한 백스터는, 믿음 이전의 칭의를 지지하고 율법폐기론을 조장한다고 공격당하는 존 오웬의 견해에 대해, 칭의가 하나님의 법정(foro Dei) 대신 양심의

---

10) I. Murray, "Richard Baxter-'Reluctant Puritan'?" in *Advancing and Adversity* (London: Westminster Conference, 1991), 13.
11) Tim Cooper, *Fear and polemic in Seventeenth Century England: Richard Baxter and Antinomianism*, 88.
12) Ibid.
13) Baxter, *Aphorismes of Justification*, Hague (Alias Cambridge, 1655), 65; I. Murray, "Richard Baxter-'The Reluctant Puritan'?" in *Advancing and Adversity*, 8에 인용됨.

법정(*foro conscientiae*)에 있는 것이라고 말했다.[14] 아마도 백스터가 구원론에 대한 자신의 견해를 바꾸는 데 영향을 준 주요 원인을 두 가지로 제기할 수 있을 것이다. 무엇보다도 먼저, 영국의 시민전쟁을 겪으면서 백스터가 듣고 보고 경험한 것들이 그러한 변화에 기폭제 역할을 한 것이 틀림없다. 시민전쟁 중에 백스터는 심각한 언어 폭력을 당했고, 심지어 물리적 위협까지 겪었다.[15] 1645년에 백스터가 의회 군대의 목사가 되었을 때, 그는 믿음을 고백하며 신자를 자처하는 사람들이 경건과는 거리가 먼 방종스러운 생활과 태도를 자행하는 데 큰 충격을 받았다.[16] 그는 자신의 회고록인 『백스터의 유물』(*Reliquiae Baxterianae*)이라는 작품에서 "교회를 타파하고 국가를 전복시키겠다는 의도를 넌지시 암시하는 음모를 꾸미는 자들의 소리를 들었다. 그중에는 독립교회주의자들과 재세례파들이 가장 많았으며, 율법폐기론자와 알미니안주의자 역시 창궐하였다"라고 말한다.[17] 당시 사람들은 무엇이든지 마음에 원하는 대로 하려는 자유를 누리기 시작했고, 결국 그런 삶은 방종주의로 흐르고 말았다.

여기에 백스터가 생애 초반에 받은 교육과 신학적 훈련도 결정적인 역할을 한다. 백스터의 후기 전기작가인 제프리 너털(Geoffery Nuttal)은 슈랍셔(Shropshire)의 로우톤(Rowton)에서 백스터가 받은 초등교육이 매우 열악했으며 불충분했다고 회고한다.[18] 백스터 자신도 그의 선생님을 무지하고 부도덕하며 엄청난 술주정뱅이로 묘사했다.[19] 그때부터 백스터는 경건한 사람들만이 최고라고

---

14) Eveson, *Seeing the Lord: The Case for Forensic Justification in John Owen*, 30.
15) Cooper, *Fear and Polemic in Seventeenth Century England: Richard Baxter and Antinomianism*, 89.
16) Eveson, *The Great Exchange: Justification by Faith Alone*, 170.
17) RB I.50; Boersma, *A Hot Pepper Corn: Richard Baxter's Doctrine of Justification in its Seventeenth-Century Context of Controversy*, 32에 인용됨.
18) Nuttall, *Richard Baxter* (London, Nelson, 1965), 2.
19) RB I, 1-2. Boersma, *A Hot Pepper Corn: Richard Baxter's Doctrine of Justification in its Seventeenth-Century Context of Controversy*, 29에 인용됨.

확신했으며, 경건한 사람들을 멸시하면서 죄와 쾌락에 빠져 사는 사람들을 악의적이며 불행한 부류의 사람으로 여기게 되었다. 이런 것들이 백스터의 구원 교리와 칭의 교리를 형성하는 결정적인 요소가 되었으며, 그의 구원론이 개혁주의 정통 신학으로부터 점점 더 멀어지게 만들었다.

백스터는 존 카메룬(John Cameron)과 모이스 아미라우트(Moise Amyraut)의 글에 천착했고, 속죄에 관한 자신의 견해를 형성하는 데 화란의 법학자인 휴고 그로티우스(Hugo Grotius)에게서 지대한 영향을 받았다. 이런 역사적 정황과 전술한 인물들의 영향 아래 칭의 교리에 대한 백스터의 새로운 이해가 최종적으로 형성된 것이다.

백스터에 따르면, 우리가 의롭다함을 받는 것은 그리스도의 의가 아니라 우리 자신의 복음적 의(evangelical righteousness)로 말미암는다. 그의 정치적 칭의 사상은 하나님을 통치자로, 복음을 자신의 법전(legal code)으로 간주해 버렸다. 따라서 우리의 구원은 이중적 의를 요구하게 되었다. 하나는 하나님의 새로운 법을 제정하게 만든 그리스도의 의이며, 다른 하나는 참된 믿음과 회개로 새롭게 제정된 법에 순종하는 우리 자신의 의이다.[20] 이런 국면에서 백스터는 아미랄디안주의의 구원론과 같은 노선에 있다.[21] 백스터는 "하나님이 한 번 지불하신 것을 또다시 우리에게 요구할 수 없다"는 원리에 따라 칭의의 근거와 공식적 원인을 그리스도의 의의 전가로 믿는다면 논리적으로 율법폐기론자가 될 수밖에 없다고 확신했다.[22] 따라서 그가 칭의의 공식적 원인을 그리스도의 의 때문에 의로 여겨지는 믿음을 고백하는 신자 개인의 믿음에서 찾는 것은 아주 자연스러운 결과이다. 우리가 앞서 살펴본 대로, 백스터는 그리스도가 옛 언

---

20) J. I. Packer, *A Quest For Godliness*, 158.
21) Ibid.
22) Ibid.

약을 성취하심으로써 인간이 좀 더 쉬운 새로운 법에 기초해 의롭다함을 받을 수 있는 문을 열어 주셨다고 보았다.[23]

그러나 칼 트루먼이 올바로 지적했듯이, 이러한 백스터의 결론은 바람직한 대안이 될 수 없다.

> 오웬은 대속 교리에 관한 한 그리스도의 속죄를 부인하는 소시니안주의에 대항하기 위하여, 그리고 칭의에 관한 한 율법폐기론주의를 피하기 위하여, 그로티우스 식의 본보기를 채택할 필요가 전혀 없다고 보았기 때문이다.[24]

백스터의 이러한 주장과 칭의 교리에 대한 새로운 견해는 동료들을 설득하는 데 실패했다. 동시대 청교도 목사였던 존 번연은 백스터의 이러한 주장에 혐오적인 반응을 보였고, 토마스 툴리(Thomas Tulley)는 백스터를 교황주의자라고 비난했다. 런던의 피너스 홀(Pinner's Hall)에서는 많은 비국교도들이 설교를 통해 백스터의 이런 견해에 반대하며 이를 비판했다. 그들은 오직 그리스도의 전가된 의만이 우리가 하나님 앞에서 의롭다함을 받는 유일한 의라고 강조했다. 그러나 이러한 과정은 매우 참혹한 결과를 낳았다. 백스터의 이러한 오류는 많은 불화와 분리를 초래했으며, 장로교도들과 독립주의자들 사이의 연합

---

[23] 이안 머리는 백스터가 그렇게 주장할 수밖에 없었던 세 가지 이유에 주목한다. "그는 칭의에 대한 정통주의의 가르침이 그가 군목 생활을 하는 동안 목격한 바 교회를 위협한다고 확신했던 영적 방종을 초래할 위험이 있다고 생각했다. 이 영적 방종은 너무나 단정치 못한 생활로, 백스터는 이것을 도덕률폐기론이라 이름 붙였다. 또한 백스터는 칭의에 대한 자신의 새로운 이해가 모든 사람에게 복음을 설교할 때 더 나은 기초를 제공한다고 보았다. 그는 칭의에 대한 자신의 새로운 이해가 칼빈주의와 알미니안주의를 진정으로 중도하는 매개체가 될 것이라고 믿었다. 뿐만 아니라 이미 17세기 당시 많은 신자들이 알미니안주의에 빠져 있었기 때문에 백스터는 칭의에 대한 자신의 새로운 이해가 연합에 대한 그의 열망을 전적으로 충족시키고 '당파주의'를 종식시키리라 믿었다." Murray, "Richard Baxter-'Reluctant Puritan'?", 15-16.
[24] Carl Trueman, *Claims of Truth*, 214.

을 종식시켰고, 정통 기독교를 약화시켰다.[25] 분파주의를 종식하고 칼빈주의와 알미니안주의를 조화시키려 했던 백스터의 시도가 도리어 정통 청교도들의 분열을 양산한 것이다. 백스터는 지나친 합리주의 인과관계에 빠져 성경이 선포하는 두 가지 진리를 모두 수용하기 어려웠던 것으로 보인다.

백스터가 칭의 교리에 대하여, 그리고 전가된 의를 반대하는 것에 대하여 쓴 글은 부분적으로 존 웨슬리에 의해 재판되었고, 대서양을 사이에 둔 두 대륙에 감리교라는 이름으로 큰 영향을 끼쳤다.[26]

그러나 그 이후 백스터는 자신의 생각을 전혀 바꾸거나 수정하지 않았다. 그리고 1649년에는 『칭의의 경구』를, 1676년에는 『의롭다 하는 의에 대하여』(Treaties of Justifying Righteousness)를 집필했다. 이 작품들은 다시 한 번 리처드 백스터가 정통 칼빈주의의 가르침에서 벗어났음을 잘 보여 준다.

바로 이런 역사적 정황이 1677년에 존 오웬이 칭의에 대한 작품을 집필한 이유가 되었다. 칭의에 대한 이 작품이 오웬의 생애 후반에 쓰였다는 사실을 인식하는 것은 매우 중요하다. 그는 도덕주의자들에 맞서는 한편, 고-칼빈주의자들을 대적하여 개혁주의 칭의 교리를 변증할 만큼 숙련되고 지혜로웠다.

백스터가 오웬에게 반대한 것은 무엇보다도 칭의 교리에 대한 오웬의 견해가 율법폐기론을 조장하고 고무시킨다고 확신했기 때문이었다. 이것은 로마 가톨릭과 소시누스의 주장이기도 했다. 그러나 오웬은 이러한 주장이 사도 바울의 칭의 교리를 남용하는 것 외에 아무것도 아니라고 강조함으로써, 그것이 그리스도의 의의 전가에 대한 잘못된 고소와 반대일 뿐임을 분명하고도 올바르게 지적했다.

---

25) Eveson, *The Great Exchange: Justification by Faith Alone*, 173.
26) Murray, "Richard Baxter-'Reluctant Puritan'?", 18-19.

그러므로 우리는 이러한 반대와 고소에 놀라거나 동요할 이유가 없다. 왜냐하면 이런 반대와 고소는-그 논증과 이론의 교묘함이나 수사학적 과장으로 말미암은 이런 반대의 강요가 얼마나 위협적이든지 간에-은근히 사도 바울의 교리 그 자체를 반대하기 때문이다. 인간의 마음에는 본성상 복음의 비밀과 신비에 반대하고 싶어하는 선입견이 존재한다. 이런 인간의 선입견은 때맞춰 나타나 교회의 전체 교리를 더럽히고 붕괴시킬 때까지 절대로 멈추지 않을 것이다.[27]

바울과 야고보 사이에 존재하는 외관적 차이점에 대하여, 오웬은 야고보서를 바울신학의 견지에서 이해해야 한다고 강조함으로써 그들 사이에 실재하는 모순이 전혀 없다고 주장한다.

하나님 앞에서의 칭의 교리는 의심할 여지 없이 바울서신이 가르치는 대로 이해되어야 한다. 그리고 칭의 교리에 대해 이따금씩 언급하는 다른 모든 성경은 바울서신을 토대로 다루어져야만 한다.[28]

이는 성경 해석에서도 중요한 요소이다. 처음 계시는 나중 계시로, 신약은 바울신학의 관점에서 다루고 해석하는 것이 계시의 역사성과 점진적 발전의 측면에서 옳고 정당하다. 또한 오웬은 개혁주의 사상에 입각하여, 바울 사도는 칭의 교리를 "그 본질과 원인의 측면에서," 그리고 야고보 사도는 "그 표지와 증거의 측면에서" 다룬다고 가르친다. 사실상 ".그들은 서로 자신들의 강화를 통해 다른 범주와 영역, 의도와 목적을 다루고 있다. 그들은 서로 동일한 질문을

---

27) Owen, 5:377-378.
28) Ibid., 5:385.

고찰하거나 동일한 문제에 대해 진술하거나 동일한 내용을 탐구하고 있는 것이 아니다. 이와 같이 그들이 동일한 취지(*ad idem*)를 논하는 것이 아니므로 서로 모순되지도 않는다."[29] 이런 국면에서 윌리엄 퍼킨스는 신자들에게 다음과 같은 교훈을 전한다.

> 만일 그리스도께서 우리를 위하여 율법을 준행하셨다면, 우리는 더 이상 율법에 속박당하지 않는다. 그리스도께서 그분의 인성을 통해 십자가에서 율법을 담당하셨으므로, 우리는 우리 죄 때문에 영원한 형벌을 당하지 않는다. 만일 우리가 율법을 향해 동일한 존중심을 소유한 가운데 율법을 준행한다면, 그 결과도 매우 참되고 동일할 것이다. 왜냐하면 그리스도께서 우리를 위해 율법이 요구하는 대로 대속을 위한 순종을 수행하셨기 때문이다. 그러므로 신자는 대속적 의미에서가 아니라 신앙의 조항으로서, 그리고 하나님을 향해 감사하는 고백 또는 이웃을 교화시키는 수단으로서 율법에 순종한다. 심지어 그리스도께서 우리 죄를 위해 영원한 형벌을 당하셨던 것처럼, 우리를 위한 시련이나 징계로서의 고난 역시 마찬가지로 기꺼이 감당한다.[30]

---

29) Ibid., 5:387. 이 문제에 관해 제임스 뷰캐넌의 글을 인용하는 것은 매우 가치 있는 일일 것이다. 뷰캐넌은 칭의 교리를 다룬 저서에서 이를 다루는데, '칭의-용어의 성경적 의미'라는 제목의 8장에서 바울과 야고보 사이의 외견적 모순을 다음과 같이 설명한다. "사실 두 사도들은 각기 다른 두 오류들과 싸우고 있었으며, 두 가지 다른 경향들을 검토하고 있었다. 바울은, 인간들로 하여금 '그들 자신의 의의 만족을 세우는 곳으로 달려가게 만들며' 율법의 행위로 말미암는 칭의를 추구하게 했던 율법주의와 자의(自義)적 경향과 싸우고 있었다. 반면, 야고보는 복음 그 자체를 왜곡하고 '하나님의 은혜를 은혜 되지 못하게 하는' 방종 또는 율법폐기론(도덕률폐기론)이라는 경향과 싸우고 있었다. 이러한 두 가지 경향은 오늘날의 세상과 교회에서도 여전히 볼 수 있다. 이 율법주의와 율법폐기론주의는 이론적으로는 배격될 수 있다 하더라도, 자의에 만족하는 마음이 조금이라도 있거나 정욕과 내재하는 죄가 불타오르는 곳에 여전히 존재한다. 그러기에 모든 신실한 목사들은 바울과 야고보의 교훈을 번갈아 가며 유익하게 사용해야 할 것이다." Buchanan, *The Doctrine of Justification*, 249.
30) Perkins, 1:81.

이와 마찬가지로 존 번연도 다음과 같이 확증한다.

> 그러므로 우리는 결코 우리를 의롭다 하시는 의의 일부나 수단으로서 하나님과 이웃을 사랑하라는 명령을 받지 않는다. 율법이나 명령을 이렇게 수행하는 사람, 즉 저주로부터 구원받기 위해 하나님의 율법을 준행하는 사람은 도리어 하나님의 저주를 받게 될 것이다.[31]

또한 윌리엄 틴데일은 믿음과 행함에 대한 바울과 야고보의 해석을 아주 흥미롭게 설명했다. 틴데일도 오웬과 같은 노선에서 바울과 야고보가 각각 자신만의 의도와 목적을 지니고 있다고 말한다.

> 바울이 "오직 믿음이 의롭게 한다"라고 말하고 야고보가 "사람이 오직 믿음으로만이 아니라 행함으로 의롭게 된다"라고 말할 때, 바울의 '오직'과 야고보의 '오직' 사이에는 엄청난 차이가 있다. 바울의 '오직'은 믿음이 행함의 조력이나 도움 없이, 또는 내가 무언가를 할 수 있기 전에 하나님 앞에서 하나님의 마음에 죄인이 의롭다하심을 받는다는 의미로 이해해야 한다. 반면, 야고보의 '오직'은 참되고 진실한 구원적 믿음만이 죄인을 의롭게 하며, 그렇지 않은 믿음으로는 의롭게 되지 않는다는 의미로 이해해야 한다. 왜냐하면 구원적 믿음이 의롭다 하는 행함을 양산하기 때문이다. 다만 믿음은 하나님의 마음과 하나님 앞에서 의롭다 하고, 행함은 세상 앞에서만 의롭다 한다.[32]

---

31) Bunyan, 1:325.
32) Vanbrugh Livingston, *An Inquiry into the Merits of the Reformed Doctrine of Imputation as Contrasted with those of Catholic Imputation*, 2에 인용됨.

4부
신학적 발전과 그리스도인의 삶

우리는 지금까지 그리스도의 의의 전가 교리에 반대하는 견해들을 간략히 서술하고, 이에 대한 정통주의의 비평을 살펴보았다. 따라서 이제 그리스도의 의의 전가 교리에 관한 신학적 발전을 고찰해야 할 것이다. 이미 서론에서, 몇몇 현대 신학자들이 종교개혁자들과 이어지는 세기의 청교도들 및 후기 개혁주의 신학자들 사이에 엄청난 신학적 괴리가 있으며 청교도들이 개혁주의 신학으로부터 이탈한 것처럼 주장했다는 점을 살펴보았다. 따라서 이번 장에서는 현대 신학자들의 이러한 주장이 얼마나 잘못되었는지를 밝힐 것이다. 오히려 청교도들은 칭의 교리와 그리스도의 의의 전가 교리에 관한 한, 16세기의 개혁주의 신학자들과 전적으로 견해를 같이한다.

1장
전가의 원인과 필요성

    청교도들은 종교개혁의 신학을 따라, 그리스도 밖에는 의롭다함을 받기 위해 율법 전체를 성취하고 구원받을 수 있는 다른 길이 전혀 없기 때문에 죄인을 구원하는 데 그리스도의 의의 전가가 필수 불가결하다고 간주했다. 이에 대해 오웬은 "모든 믿는 자들의 의를 위해 율법의 마침이 되시는 그리스도의 완전한 순종과 의의 전가 이외에 본래적 율법, 즉 하나님의 불변하는 율법이 확고히 수립되고 성취될 수 있는 다른 길은 전혀 없다"라고 말한다.[1] 오바댜 그류 역시 우리가 전체 율법을 성취하는 데 전적으로 무능력하다는 오웬의 견해에 동의한다.

    율법의 주된 목적은 그것을 준행하는 자를 의롭다고 하는 것이다. 그런데

---

1) Owen, 5:520.

우리 자신은 율법을 성취할 수 없다……그러나 우리가 할 수 없는 일, 즉 우리를 위해 율법을 성취하시는 일을 그리스도께서 하신다. 따라서 그리스도로 말미암아 율법의 의가 우리 안에서 성취된다.[2]

따라서 브룩스는 "하나님의 아들의 의로 말미암지 않고서는, 하나님의 공의가 만족되고 우리 죄가 공의롭게 용서받는 다른 길을 전혀 상상할 수 없다"라고 확언한다.[3] 이런 점에서 우리는 도덕적으로 완전히 부패했다. 우리에게는 주관적으로나 도덕적으로 선함이 결핍되어 있다. 그래서 번연도 "아주 오래전에 예수 그리스도께서 수행하신 의의 전가로 말미암는 길 외에는 죄인이 하나님 앞에서 율법의 저주로부터 의롭다함을 받을 수 있는 다른 길이 전혀 없다"라고 진술한다.[4]

그러므로 "선천적인 죄가 있는 곳에는 능력 있게 의롭다고 칭해 주는 선천적인 의가 존재할 수 없다. 그러한 의가 이미 불완전하다는 것이 매우 자명하기 때문이다."[5] 따라서 율법을 성취할 능력이 전혀 없는 인간의 철저한 무능력 때문에, 죄인의 칭의에서 전가는 치명적으로 중대하다. 로버트 트레일이 잘 말했듯이, "의가 없이는 칭의는 존재하지 않는다."[6] 이어서 트레일은 다음과 같이 진술한다.

> 하나님의 거룩하신 율법에 완전하고도 충분하게 응답하는 의가 아니고서는 그 어떤 의도 충분하지 않다. 그리고 신적인 인간이 아니고서는 결코 그

---

2) Grew, *The Lord Our Righteousness*, 11.
3) Brooks, 5:225.
4) Bunyan, 1:302.
5) Ibid., 15.
6) Trail, *Justification Vindicated*, 67.

러한 의를 수행할 수 없다. 어떤 방식으로든 그 의가 그의 것이 되거나 그에게 적용되기 전에는 결코 아무런 유익도 자연적으로 발생하지 않는다. 예수 그리스도를 믿는 믿음 외에는 이 의가 적용되는 다른 길이 전혀 없다.[7]

그러므로 우리의 칭의를 위해서는 그리스도의 완전한 의의 전가가 필수 불가결한 요소가 되는 것이다. 그러나 우리에게 전가가 가장 긴급하게 필요하다 할지라도 전가의 원인이나 원천이 없다면, 그 전가는 아무런 유익이 되지 못한다. 청교도들은 칭의의 원인을 하나님의 위대하신 자비와 은총에서 찾는다. 칭의의 가장 위대한 동기는 하나님의 무조건적인 은혜와 은총이다. 오바댜 그류는 하나님께서 그렇게 하시는 것이 "하나님의 선하신 기쁨"이라고 말한다.[8] 존 오웬은 그것이 "하나님의 선하신 뜻"에서 기원한다고 본다.[9] 번연은 "칭의의 원인, 즉 내적인 강력한 동기 또는 근거를 하나님의 무조건적인 은혜"에서 찾는다.[10] 브룩스도 그것을 가리켜 하나님의 뜻이요 기쁨이라고 말한다. 만일 그렇지 않다면, 우리는 영원토록 의롭게 될 수 없었을 것이다. 하나님의 무조건적인 은혜와 은총과 기뻐하시는 뜻이 아니라면, 도대체 전적으로 부패하고 타락한 죄인이 의롭게 되고 거룩하게 될 가능성이 어디에 있다는 말인가? 브룩스는 이렇게 외친다.

우리를 향한 그리스도의 의의 전가는 자신의 선하고 기뻐하시는 뜻에 따른 하나님 아버지의 은혜로우신 행동이다. 그것은 재판장이신 하나님께서 마치 그리스도가 동일한 죄를 지은 것처럼 신자의 죄를 보증자에게로 전

---

7) Ibid.
8) Grew, *The Lord Our Righteousness*, 33.
9) Owen, 5:218.
10) Ibid.

가하시고 동시에 신자가 동일한 의, 즉 그리스도께서 자신의 인성을 통해 수행하신 것과 동일한 순종을 수행한 것처럼 신자에게로 그리스도의 의를 전가하시는 행위이다. 따라서 그리스도의 전가된 의는 하나님께서 그리스도의 순종을 마치 믿는 죄인이 수행한 것처럼 여겨 주심으로써 그를 받아 주시는 완전한 효과를 발휘한다.[11]

영국의 종교개혁자이자 국교회의 선조라고 할 수 있는 캔터베리의 토마스 크랜머 역시 다음과 같이 강조한다.

> 우리의 칭의는 하나님의 순전하신 자비로 말미암아 무조건적으로 발생하는 것이다. 그것은 온 세상이 그들의 속전으로 어느 한 부분이라도 갚거나 감당하지 못할, 위대하고도 무조건적인 자비이다. 또한 그 무엇도 받을 자격이 없는 우리를 위해 그리스도의 살과 피라는 가장 소중한 보석을 준비하여 하나님을 기쁘시게 하며, 그 결과 우리의 속전이 완전히 지불되고 율법이 성취되며 하나님의 공의가 완전히 만족되는 무조건적인 자비이다.[12]

전가의 필연성은 오직 성부 하나님의 무조건적인 은혜와 은총으로 말미암아 실현된다. 그러하기에 사도 바울은 "너희는 그 은혜에 의하여 믿음으로 말미암아 구원을 받았으니"(엡 2:8)라고 외친다.

"성경이 무엇을 말하느냐? 아브라함이 하나님을 믿으매 그것이 그에게 의로 여겨진 바 되었느니라. 일하는 자에게는 그 삯이 은혜로 여겨지지 아니하고 보수로 여겨지거니와, 일을 아니할지라도 경건하지 아니한 자를 의롭다 하시는 이

---

11) Brooks, 5:226.
12) Cranmer, *The Works of Thomas Cranmer*, Vol. 3, 130.

를 믿는 자에게는 그의 믿음을 의로 여기시나니, 일한 것이 없이 하나님께 의로 여기심을 받는 사람의 복에 대하여 다윗이 말한 바 불법이 사함을 받고 죄가 가리어짐을 받는 사람들은 복이 있고 주께서 그 죄를 인정하지 아니하실 사람은 복이 있도다 함과 같으니라"(롬 4:3-8).

하나님의 은혜 없이는 칭의도 없으며, 구원도 없고, 중생도 없다. 은혜가 아니라면 죄인이 서지 못하고 영원한 멸망에 빠지고 말 것이다.

2장

전가의 본질적 내용

전가의 필요성에 대해 고찰했으므로, 이제 전가의 본질적 성질이 무엇인지를 살펴보아야 할 것이다. 청교도들은 다른 이의 의의 전가(an imputation of another's righteousness)로 말미암아 죄인이 의롭게 된다는 것을 일관되게 가르쳐 왔다. 그 의는 우리 안에 있는 우리의 것이 아니라, 우리 밖에 있는 다른 이의 것이다. 루터의 표현을 빌리자면, 그것은 "외부적인 의"이다.[1]

그렇다면 전가의 본질적인 내용은 과연 무엇인가? 청교도들은 이것을 하나님의 의와 그리스도의 의라고 불렀다. 그렇다고 해서 이 의가 하나님의 본질적인 의, 즉 비공유적 속성으로서의 하나님의 의나 그리스도의 비공유적 의를 의미하는 것은 아니다. 그것은 오히려 하나님께서 예비하신 의로서의 그리스도의 의이다. 육신을 입고 오신 그리스도는 모든 율법에 순종하셨고 죄를 짓지

---

1) Luther, *Luther's Works*, 40 II, 352ff; E. M. Plass, *What Luther Says*, /10-/11에 인용됨.

않으셨으며, 죄인들을 위하여 십자가에서 죽임을 당하셨다. 바로 이것이 우리에게 전가된 그리스도의 의의 본질이다.

우리가 이미 확증한 대로, 주류 청교도들은 그리스도의 의가 그리스도 자신 안에 존재할 뿐만 아니라, 그분의 삶과 죽음을 통해 드러난 그리스도의 순종에도 존재한다고 역설했다. 우리에게 전가된 의는 후자의 의, 즉 그리스도의 순종이라는 의미이다. 우리가 살펴본 대로, 청교도들은 그리스도의 순종에 능동적 순종과 수동적 순종이라는 두 부분이 있다고 본다. 그리스도의 수동적 순종은 공의의 요구를 만족시키는 그리스도의 속죄적 고난을 지칭한다. 그리스도의 능동적 순종은 삶의 규범과 법칙으로서의 율법에 대한 그리스도의 순종을 지칭한다. 그리스도는 수동적 순종을 통해 고난과 죽음을 견뎌 내셨고, 능동적 순종을 통해 모든 교훈적이며 명령적인 율법에 순종하셨다. 그분은 전자를 통해, 파괴된 율법에 대한 형벌의 값을 지불하시고 죄의 사면을 확보하셨다. 그리고 후자를 통해, 율법의 교훈에 순종하시고 영원한 생명을 성취하셨다. 이런 방식으로 그리스도의 대속적 사역이 완성된 것이다. 따라서 청교도들은 분명, 신자가 의롭다함을 얻기 위해서는 단순한 죄의 사면만으로는 충분하지 않다고 보았다.[2] 죄인을 의롭다 하기 위해서는 좀 더 적극적인 의가 요구되는 것이다. 그것은 바로 그리스도의 능동적 순종인데, 이 능동적 순종이 완전한 칭의를 가능하게 한다.

청교도들은 결코 그리스도의 능동적 순종을 그분의 수동적 순종과 분리한 적이 없다. 그 반대로도 마찬가지이다. 그들에 따르면, 그리스도의 순종은 그분의 삶과 죽음을 통해 나타난 완선한 순종이다. 퍼킨스의 표현을 빌리면, "그리스

---

[2] 우리가 2부 2장에서 확실하게 살펴본 대로, 퍼킨스(1:81), 오웬(5:251), 클락슨(1:296), 왓슨(*A Body of Divinity*, 227), 그리고 십스(1:357)는 모두 칭의가 두 가지 부분, 즉 죄의 사면과 그리스도의 공로의 전가로 구성된다는 점에 동의한다. 참고. A. A. Hodge, *Outlines of Theology* (Edinburgh: The Banner of Truth Trust, 1972), 507.

도는 고난받으심을 통해 순종하셨고, 순종하심을 통해 고난받으셨다."[3] 동일한 방식으로 클락슨도 "그리스도께서 모든 순종 가운데서 고난받으셨고, 또한 모든 고난 가운데서 순종하셨다"라고 진술한다.[4]

> 그리스도의 모든 고난에는 순종이 있었다. 왜냐하면 그리스도는 성부 하나님의 뜻에 순응하여 순종하셨기 때문이다. 또한 그리스도의 모든 순종에는 고난이 있었다. 왜냐하면 그리스도의 순종의 행위가 바로 하나님의 아들이 종의 형태로 낮아져 수행하신 모든 수치와 비하의 행위였기 때문이다.[5]

청교도들이 그리스도의 두 가지 독특한 사역을 능동적 순종과 수동적 순종이라는 용어로 구별한 것은 분명하다. 그러나 이 두 가지 순종은 구별될 수는 있지만 결코 분리될 수 없다. 이에 대해 존 오웬은 다음과 같이 확증한다.

> 여기에는 화목에 관한 독특한 방식이 언급되어 있는데, 그것은 시편 32편 1절, 누가복음 1장 77절, 로마서 3장 25절, 고린도후서 5장 19절에 기록된 대로 죄의 무전가를 통해 이루어진다. 그리고 예레미야 23장 6절, 로마서 4장 5절, 고린도전서 1장 30절에 기록된 대로 의의 전가를 통해 칭의가 이루어진다. 이 두 가지는 결코 분리될 수 없으며, 서로를 확증해 준다.[6]

프란시스 튜레틴도 오웬의 이러한 구별에 동의한다.

---

3) Perkins, 1:567.
4) Clarkson, 1:296.
5) Ibid.
6) Owen, 2:164.

영원한 생명을 얻지 않고서는 그 누구도 죄의 사면을 확보할 수 없도록, 그리스도의 순종으로부터 흘러나오는 이 두 가지 유익이 은혜 언약을 통해 서로 불가분리적으로 연결되어 있다 하더라도, 그런 이유로 마치 이것들이 서로 하나이며 동일한 것인 양 혼합되는 것은 아니다. 오히려 이것들은 서로 구별되어야만 한다. 왜냐하면 사망으로부터 도망치는 것과 생명으로 들어가는 것은 서로 별개의 것이기 때문이다.[7]

칼빈은 그리스도의 의를 그분의 행하심과 고난받으심의 모든 순종 행위를 통해 이루신 바, 하나님 아버지를 향한 순종의 전 과정을 총망라하는 것으로 이해한다. 그러나 그리스도의 순종을 그분의 삶과 죽음을 통해 구별되는 것으로 제시한다.

> 그러나 그분의 삶에 구현된 다른 모든 순종 역시 제외되지 않는다. 바울은 처음부터 끝까지 이 모든 것을 포함한다. "오히려 자기를 비워 종의 형체를 가지사 사람들과 같이 되셨고 사람의 모양으로 나타나사 자기를 낮추시고 죽기까지 복종하셨으니 곧 십자가에 죽으심이라"(빌 2:7,8). 틀림없이 죽음 그 자체에서도 그리스도의 능동적 순종은 매우 중요한 요소이다.[8]

그러므로 하나를 제외한 다른 하나만으로는 죄 용서함이나 완전한 의를 모두 확보하는 데 실패할 것이라고 결론 내릴 수 있다. 이런 점에서 전가의 핵심이 참으로 중요하다. 우리에게 전가되는 본질적 내용은 그리스도의 삶과 죽음 전체에 나타난 그리스도의 완전한 순종인 것이다.

---

7) Turretin, *Institutes of Elenctic Theology*, 2:448.
8) Calvin, *Institutes*, 2:16.5.

전가의 결과

앞서 살펴본 대로, 주류 청교도들은 대부분 칭의에 두 가지 부분 또는 결과, 즉 죄의 사면과 그리스도의 의의 전가가 있다는 입장을 견지했다. 그러므로 그리스도의 의의 전가는 두 종류의 결과를 수반한다. 첫 번째 결과는 죄의 용서, 즉 사면이다. 그러나 이 죄의 사면은 단지 죄의 형벌을 제거하는 소극적 의일 뿐이다. 청교도들에 따르면, 이것은 그리스도의 수동적 순종에 의해 확보된다. 전가의 두 번째 결과는 적극적 의의 전가이다. 이 적극적 의의 전가는 영원한 생명, 즉 천국을 확보한다. 요컨대, 전자를 통해서는 형벌의 면제와 죄의 용서가 확보되고, 후자를 통해서는 행위 언약의 적극적인 조건들이 성취된다. 오웬에 따르면, 이 두 가지 모두가 하나님 앞에서 우리의 완전한 칭의를 이루는 데 절대적으로 필요하다.

한 사람도 예외 없이 우리 모두가 죄를 범했기 때문에 우리의 보증자가 되시는 주 예수 그리스도께서 우리를 위해 또는 우리를 대신하여 율법의 형벌을 당하시는 것이 필요한 일이라면, 동시에 그리스도께서 우리를 위해 율법의 교훈적인 국면에 순종하시는 것도 동일하게 필요한 일이다. 그리고 전자의 전가가 하나님 앞에서 우리의 칭의를 위해 필요한 것이라면, 후자의 전가 역시 동일한 결과와 목적을 위해 필요한 일이다.[1]

청교도의 명쾌한 요점 가운데 하나는, 죄인을 의롭다 하는 칭의가 우리의 죄를 없애 주는 것 또는 타락 이전에 무죄했던 아담의 상태로 회복시키는 것 이상의 무언가를 의미한다는 것이다. 죄를 없애 주는 것은 그리스도의 고난과 죽음으로 말미암아 수행된다. 그러나 좀 더 적극적인 의가 요구된다. 죄인의 칭의는 단지 죄의 사면 그 이상의 것이기 때문이다. 청교도들에게 칭의가 좀 더 적극적인 국면이었다는 사실은 매우 명료한 사실이다. 율법의 본질에 따르자면, 율법의 모든 요구들을 성취하기 위해서는 좀 더 적극적인 국면의 순종이 필요하다. 우리의 첫째 아담은 이 적극적인 순종을 계속 나타냈어야만 했다. 만일 첫째 아담이 하나님의 율법의 교훈적인 국면에 계속해서 순종했더라면, 죄의 사면이 필요 없는 낙원에서 완전한 의를 성취할 수 있었을 것이다.

죄의 사면은 죄인을 아담이 무죄했던 것과 유사한 상태로 만들어 준다. 그러나 아담은 하나님의 계명에 순종하는 일에 실패했으며, 우리 또한 대표자의 원리에 따라 아담 안에서 아담과 함께 하나님의 계명에 순종하는 일에 실패했다. 그러므로 단순히 죄를 용서해 주는 것으로는 죄인을 의로운 자로 만들어 주지 못한다. 그래서 그리스도는 자신의 완전한 순종을 통해 아담이 율법에 대해 실패한 바를 성취하심으로 말미암아 영원한 생명을 확보하셨다. 이에 대해 오웬

---

1) Owen, 5:251.

은 다음과 같이 진술한다.

> 그리스도는 율법에 완전히 순종하셨다. 그러나 그리스도께서 그것을 어떻게 수행하셨는가? 그는 순전히 "이것을 행하라. 그리하면 살리라"라는 조건적인 협의에 의해 그렇게 하셨다. 그리스도는 자신이 받은 은혜의 강력으로 그 일을 하셨다. 그리스도는 생명 언약의 취지에 따라 생명을 얻는 수단으로, 즉 그로 말미암아 생명을 확보하기 위해 율법을 성취하신 것이다.[2]

그러므로 그리스도는 죄의 용서를 확보하기 위하여 전체 율법에 소극적으로 순종하셨을 뿐만 아니라, 우리를 위해 영원한 생명을 얻으려고 전체 율법에 적극적으로 순종하셨다. 이런 국면에서 그리스도의 칭의는 죄의 사면 그 이상이며, 승귀의 적극적인 결과를 포함한다. 따라서 청교도들은 칭의의 이 두 가지 결과가 그리스도의 칭의 안에서 확증된다고 보았다. 이런 의미에서 신자들은 그리스도의 의의 전가로 말미암아 완전히 의로운 자가 된다.

사도 바울은 "그리스도는 모든 믿는 자에게 의를 이루기 위하여 율법의 마침이 되시니라"(롬 10:4)라고 확증한다. 그렇다면 그리스도께서 무슨 목적으로 그렇게 하시는가? 브룩스는 다음과 같이 말한다.

> 왜 율법의 완성과 성취가 필요한가? 그리스도는 의를 이루기 위해 율법의 마침이 되신다. 말하자면, 그리스도께서 자신의 능동적 순종을 통해 하나님의 완전한 율법을 완전하게 준행하심으로써 율법의 마침이 되시는 것이다. 이런 방식으로 그분의 인성에 의가 존재하게 되고, 모든 국면에서 율법

---

[2] Owen, 2.163.

의 완전함을 충족시키신다. 그렇다면 그리스도께서 이 일을 완성하셨을 때, 도대체 누가 반드시 이 의의 옷을 입어야만 하는가? 그것은 분명하게도 자기 자신이 입어야 할 의의 옷을 원하는 신자들이 입어야 한다. 그래서 바울은 "모든 믿는 자에게 의를 이루기 위하여"라고 기록한다.[3]

이와 같이 그리스도의 의의 전가의 결과는 이중적이다. 그중 하나는 죄의 사면이요, 다른 하나는 그리스도의 전가된 의이다. 이 두 가지는 분리되어서는 안 되지만 서로 다른 열매들이다. 이런 점에서 그리스도의 의의 전가에서 비롯되는 두 가지 결과는 확연하게 구별된다. 존 브래드포드(John Bradford, 1510-1555)는 이러한 그리스도의 의의 전가에 대해 잘 진술한다.

> 호기심의 발동이나 논쟁을 위한 논쟁으로서가 아니라 우리의 양심을 위해 우리는, 절대 그렇게 될 수도 없겠지만, 죄의 사면과 우리에게 전가된 그리스도의 의를 중생이나 유전적 의와 구별하지 않고 혼합해 버리려는 어리석음을 범해서는 결코 안 된다.[4]

그러므로 그리스도의 의의 전가는 죄 용서와 생명을 얻게 하는 권리를 확보해 준다. 이것은 중생이나 유전적 의가 아니며, 나아가 성화도 아니다. 전가의 결과는 죄의 사면과 영생의 소유이다.

---

3) Brooks, 5:74.
4) John Bradford, *The Writings of John Bradford*, Vol. 1 (Cambridge: The Parker Society, 1848; reprint, Edinburgh: The Banner of Truth Trust, 1979), 372.

4장

전가의 방법

그리스도의 의의 전가 교리를 부인하는 로버트 건드리 같은 이들은 그리스도의 의가 절대 다른 사람의 의가 될 수 없다고 주장한다. 그러나 청교도들은 그리스도의 의가 오직 믿음으로 말미암아 오직 전가를 통해 우리의 것이 될 수 있다고 주장했다. 이런 맥락에서 "오직 믿음으로"(by faith alone)는 "오직 그리스도만으로"(by Christ alone)를 의미한다. 왜냐하면 믿음이 우리를 그리스도의 의로 인도하기 때문이다. 어떤 이들은 그리스도의 의를 붙잡는 사람의 믿음이 공로가 되지 않느냐고 질문할 것이다. 이에 대해 개리 크램튼(Gary Crampton)은 다음과 같이 쓰고 있다.

웨스트민스터 종교 회의에서 청교도들이 칭의를 "오직 믿음으로 말미암는 것"이라고 말할 때, 오직 믿음이란 "오직 그리스도 안에서"를 함축하는 것이 분명하다. 즉, 칭의의 근거가 그리스도의 속죄적 의와 희생이라는 말이다. 믿음은 오직 우리를 의롭다 하시는 그리스도를 신뢰하는 것이다. 웨스트민스터 신앙고백서(11장 2항 참고)가 잘 가르치듯이, 믿음은 비공로적이다. 믿음은 우리가 의롭다함을 받는 도구이지 원인이 아니다.[1]

따라서 우리를 오직 그리스도에게로 인도하는 전가의 방법은 오직 믿음뿐이다. 이런 의미에서 믿음은, 순종하시는 우리 구세주를 향한 개인적 신뢰를 통해 구원이 우리에게 승인되는 수단이다. 클락슨은 "그리스도를 믿는 것은 그분을 이해하고 붙잡고 영접하는 것"이라고 선언한다.[2] 따라서 그리스도를 믿는 것과 그분의 의를 붙잡는 것은 하나인 셈이다. 그러나 우리는 공로로 생각될 만한 우리 자신의 개인적 신뢰로 의롭다함을 받는 것이 아니다. 죄인은 도구로서 작용하는 믿음으로 말미암아 의롭다함을 받는다. 왜냐하면 우리를 의롭다 하는 것은 우리의 믿음이 아니라 그리스도의 의이기 때문이다. 믿음은, 우리로 하여금 의를 위하여 위대한 믿음의 대상이신 주 예수 그리스도를 바라보고 신뢰하게 만든다. 다시 말하면, 우리의 위대한 믿음의 대상이 되시는 예수 그리스도께서 실제로 우리를 의롭게 하신다. 예수 그리스도께서 우리를 실제로 의롭게 하신다는 말은, 칭의의 공로적 원인이 예수 그리스도의 공로에 있다는 것을 의미한다. 우리는 칭의가 "예수 그리스도의 의를 근거로 죄인을 의롭다고 선언하시는 하나님의 사법적 행위"임을 안다.[3] 그러므로 믿음은 우리를 그 대상으로 인도하는 작용을 한다. 토마스 굿윈의 말을 빌리자면, 우리의 믿음은 칭의를 얻기 위해 독특하게 행사된다.

---

[1] W. Gary Crampton, *What the Puritans Taught* (Morgan: Soli Deo Gloria, 2003), 48.
[2] Clarkson, 1:71.

[3] Berkhof, *Systematic Theology* (Edinburgh: The Banner of Truth Trust, 1959), 513.

우리 믿음의 또 다른 대상은 예수 그리스도이시다. 그분의 인격과 고난과 죽음과 부활과 중보와 도고가 우리 믿음의 대상이다. 그리고 이 모든 것들의 열매로서의 유익도 마찬가지이다. 또한 우리의 믿음은 하나님 아버지의 무조건적인 은혜뿐만 아니라 믿음의 대상인 이 모든 것 안에서 그리스도와 함께 교제하는 것을 목표로 한다. 나는 다른 모든 것들 가운데서 칭의를 예로 들고자 한다. 칭의에는 하나님 아버지의 무조건적인 은혜뿐만 아니라 성자 하나님의 의까지 함께 발생한다. 그리고 우리의 믿음은 칭의를 획득하기 위해 이 지점에서 독특하게 행사된다.[4]

그러므로 대감독 어셔(Usher)는 믿음을 가리켜 "가련하고 하잘것없는 덕" 또는 "거지의 부족한 빈손"과도 같다고 말한다.[5] 칼빈은 믿음을 그릇과 같은 것으로 본다. 왜냐하면 "우리가 빈손 들고 영혼의 입을 열어 그리스도께로 나아와 그리스도를 추구하지 않는다면, 그분을 영접할 능력이 주어지지 않기 때문이다."[6] 마찬가지로 오바댜 그류도 믿음을 칭의의 방편으로 간주한다. 그류는 "선천적인 속성으로서의 믿음 자체는 어느 누구도 의롭다 하지 못한다. 사람은 원인으로서의 믿음 때문에 또는 믿음으로 말미암아 의롭다함을 받는 것이 아니라, 도구로서의 믿음, 즉 방편으로서의 믿음으로 말미암아 의롭다함을 받는다"라고 말한다.[7] 이런 특별한 의미에서 그류는 "의롭다 하는 믿음은 행함을 동반하지만 행함 없이 의롭다 한다"라고 확증한다.[8]

---

4) Goodwin, 141.
5) Vanbrugh Livingston, *An Inquiry Into the Merits of the Reformed Doctrine of Imputation as Contrasted with those of Catholic Imputation*, 4.
6) Calvin, *Institutes*, 3:11:7. 이 주제의 더욱 상세한 논의에 대해서는 다음을 참고하라. G. C. Berkouwer, *Faith and Justification* (Grand Rapids: Eerdmans, 1954).
7) Grew, *The Lord Our Righteousness*, 20.
8) Ibid., 37.

그렇지만 청교도들은 믿음이 절대로 혼자가 아님을 강조했다. 왜냐하면 이 믿음이 사랑으로 역사하는 믿음이기 때문이다(갈 5:6 참고). 비록 청교도들이 선한 행위가 우리의 칭의를 위해 아무런 역할도 하지 못한다는 것을 강조하기는 했지만, 그들은 신자의 생활에서 선한 행위의 중요성을 평가절하하지 않았다. 청교도들에 따르면, 믿음은 언제나 순종으로 이끌며, 순종을 통해 믿음이 표현된다. 즉, 우리의 칭의를 위해 그리스도의 전가된 의를 받아들이게 하는 이 믿음은 곧 의로운 생활을 생산해 내는 믿음이다. 이런 점에서 청교도들은 의롭다 하시는 믿음이 죽은 믿음이 아니며, 사랑으로 역사하는 믿음이요, 살아 있고 역동적인 믿음이라는 것을 항상 강조했다. 웨스트민스터 신앙고백서 11장 2항은 다음과 같이 선언한다.

> 이같이 그리스도와 그분의 의를 받아들이고 의존하는 일과 관련하여 믿음은 칭의의 유일한 방편이다(요 1:12; 롬 3:28, 5:1 참고). 그렇지만 믿음은 의롭다함을 받은 사람 안에서 단독으로 있는 것이 아니라 언제나 다른 모든 구원의 은사들을 수반하며, 죽은 믿음이 아니라 사랑으로 역사하는 믿음이다(약 2:17,22,26; 갈 5:6 참고).

그러므로 믿음으로부터 흘러나오는 우리의 선한 행위는, 우리의 삶이 변화되었으며 우리가 의롭고도 거룩한 삶을 살아가고 있다는 것을 반드시 표시하고 드러내야만 한다.

결론적으로 말하자면, 우리는 구원을 확보하기 위해 선한 행위를 추구하는 것이 아니다. 우리는 구원받았기 때문에 그 구원의 은혜에 감격하여 선한 행위를 추구한다. 우리는 의롭다 인정받고 거룩해지기 위해 선행을 추구하는 것이 아니라, 의롭다 인정받고 거룩한 성도라 부르심을 받았기 때문에 그에 합당하게 거룩하고도 의로운 생활을 추구해야만 한다. 청교도들은, 진실하게 구원받고 의롭다함을 받은 신자라면 반드시 그에 상응하는 거룩과 의의 열매가 본질적으로 수반되기 마련이라고 일관되게 가르쳤다. 그러나 그들이 이러한 사랑으로 역사하는 믿음을 절대 우리가 받은 칭의의 근거로 간주하지 않았다는 사실을 기억해야만 한다.

5장

그리스도와의 연합과 구속 언약

　우리가 이미 간략히 살펴본 대로, 이중적 전가와 관련하여 그리스도의 보증자 되심(suretyship) 또는 중보자 되심(mediatorship)에 관해 고찰하는 것도 중요하다. 청교도들에게 그리스도는 '우리를 위하여 자원하여 중보자가 되어 우리에게 요구된 것을 수행하신 분'이었다.

　엄밀히 말하면, 하나님은 자신의 진노와 저주 아래 있는 죄인들을 아무런 방도도 없이 의롭다 하실 수가 없다. 앞서 고찰한 대로, 첫째 아담은 시험의 시기, 즉 행위 언약 아래 있었다. 그런데 첫째 조상인 아담과 하와가 죄를 범하고 사망이라는 정죄를 당했기 때문에 지복의 삶을 확보하는 일에 실패하고 말았다. 따라서 언약의 파기라는 죄악 된 반역이 반드시 정리되어야만 한다. 그렇지 않고서는 하나님께서 그들을 공의롭고 의롭다 하실 수도, 정당하게 구원하실 수도 없다. 그래서 토마스 보스톤(Thomas Boston)은 다음과 같이 말한다.

첫째 언약의 파기라는 죄를 범한 하나님의 택자들은 율법 안에서 죽었고, 저주 아래 놓이게 되었다. 율법의 견지에서 볼 때, 그들은 율법을 의롭게 성취하지 않는 한 결코 생명으로 회복될 수 없는 존재들이다. 그런데 그들이 연약하여 스스로 할 수 없는 그것을 그리스도께서 언약 안에서 그들을 위하여 모두 성취하셨다. 그 결과 그들의 칭의가 약속되었다.[1]

이와 같이 그리스도는 언약적 정황 안에서 우리의 중보자가 되셨다. 클락슨은 그리스도께서 왜 우리의 중보자가 되셔야만 했는지에 대해 다음과 같이 상세히 해설한다.

여호와는 첫째 언약을 통해 아담과 그의 후손에게 순종이라는 조건으로 영원한 생명을 약속하셨다. 그러나 아담이 이 언약을 파기하고 하나님을 불의하게 대했으며, 자신과 자신의 후손을 언약 파기에 대한 형벌인 영원한 사망이라는 위험에 노출시켰다. 아담 이후 우리가 모두 이 영원한 사망의 고통을 겪어야 했다. 첫째 언약에 대한 인간의 반역과 불순종에 대해 만족과 보속이 선행되지 않는 한, 하나님은 다른 언약을 공의롭게 허용하실 수 없다……그러므로 영원한 사망이라는 저주와 선고 아래 처한 인간은 하나님과 맺은 유익한 언약을 파기하여 하나님 앞에서 자행한 불명예와 수치에 대해 도무지 배상할 능력이 없는 존재이다. 그래서 그리스도께서 타락한 자가 하나님의 은총 가운데로 다시금 받아들여질 수 있도록, 모든 믿는 자들의 불신앙과 불충성을 상쇄할 수 있는, 즉 인간의 불순종과 배역으로 인해 손상된 공의를 만족시킬 수 있는 또 다른 언약 안에서 자비와 화목을

---

1) Thomas Boston, *A View of the Covenant of Grace* (1734; Lewes, 1990), 109.

중재하고 제공하신다. 그리스도께서 이렇게 말씀하신다. 그가 영원히 죽지 않도록 내가 그를 위하여 '그 안'에서 기꺼이 죽을 것이다. 그리고 그가 절대로 그것을 수행할 수 없기 때문에 그의 순종을 위하여 영원한 생명을 조건으로 내가 그를 위하여 그것을 행할 것이다. 그의 생명을 위하여 나의 생명을 주고, 나의 순종이 그의 불순종을 만족시킬 것이다. 그가 은혜 언약의 자비 안으로 들어갈 수 있도록 공의와 율법이 그에게 요구하는 바를 내가 행하고 고난을 받을 것이다.[2]

이런 점에서 구속 언약은 성부 하나님과 성자 하나님 사이에 맺은 은혜로운 언약이다. 개혁주의 신학자들은 이것을 구속 협약(pactum salutis)이라고 불렀다. 따라서 브룩스는 이렇게 말한다. "그리스도께서 자신의 전 생애를 통해 행하신 모든 순종과 당하신 모든 고난은 우리를 대신하여 우리를 위해 우리의 보증자로서 감당하신 행하심이요 고난받으심이다."[3] 오웬은 보증자를 "다른 이를 위한 수행자" 또는 "그들 때문에 또는 그들로부터 야기된 모든 문제들을 공의롭게, 그리고 법적으로 보상해 주는 이"라고 정의한다.[4] 오웬은 보증자에 대한 소시니안주의의 견해, 즉 주 예수 그리스도가 오직 하나님 편에서만 우리를 향해 보증자가 되신다는 견해를 배격한다. 그리고 브룩스와 함께, 주 예수 그리스도께서 "주로 요구된 모든 일을 이행하시기 위한, 인간 편에서의 수행자" 되심을 확증한다.[5] 요약하자면, 그리스도는 우리의 칭의를 위해 우리를 대신하여 전체 율법을 소극적으로, 그리고 적극적으로 성취하셨다. 우리는 우리가 받을 칭의를 위해 오직 믿음으로 이 보증자를 받아들인다. 그리고 우리가 이 보증자

---

[2] Clarkson, 1:309. 따옴표는 필자의 강조점이다.
[3] Brooks, 5:226. 참고, Owen, 5:181-205.
[4] Owen, 5:182.
[5] Ibid.

를 믿고 영접할 때, 우리 하나님께서 마치 우리가 그리스도 안에서 이 모든 계명을 다 성취한 것처럼 여겨 주시므로 우리가 전적으로 의로운 자가 된다. 바로 이것이 전가 교리의 핵심이다.

그렇다면 하나님께서 어떻게 우리를 의로운 자로 여기시는가? 청교도들은 이것을 그리스도와의 연합이라는 특유한 관점으로 설명한다. 리처드 십스는 그리스도와 신자의 연합이 전가를 위해 필요한 조건이라고 강조한다.

> 그리스도께서 우리의 의가 되신다는 것은 사실이다. 그러나 우리가 무언가를 옷 입지 않고서 어떻게 그리스도께서 우리의 의가 되시겠는가? 만일 그리스도께서 우리의 것이 아니시라면, 즉 우리가 그리스도와 연합되지 않는다면, 그리스도로 말미암아 어떤 유익을 얻을 수 있다는 말인가? 만일 영적 결혼이 없다면, 그래서 그리스도께서 우리의 부채를 갚아 주시지 않는다면, 그리스도로 말미암아 어떤 유익을 얻을 수 있다는 말인가? 그리스도의 풍성하심이 우리의 것이 되고 우리의 빚이 그리스도의 것이 되려면, 반드시 연합이 먼저 존재해야만 한다……이 연합을 통해 교환이 발생한다. 마치 나 자신이 순종하고 수행한 것처럼, 그리스도의 의가 나의 의가 되는 것이다. 그리고 나의 빚과 죄가 그분의 것이 되는 것이다……그렇다면 그분과 연합하지 않고서는 그리스도께서 행하신 것은 무엇이든 그 어떤 것도 내 것이 될 수 없다.[6]

그류도 이러한 영적 연합을 결혼이라는 비유로 설명한다.

---

6) Sibbes, 4:219-220.

아내가 남편의 영예에 걸맞은 대우를 받듯이, 결혼을 통해 아내의 빚은 남편의 것이 되고, 남편의 재산과 신분은 아내의 것이 된다. 이와 같이 바로 그리스도의 공로와 영 안에서, 그리고 그리스도의 의와 생명 안에서, 그리스도와의 결혼이라는 연합을 통해 우리가 소유하게 되는 관심과 영예가 발생한다.[7]

그러므로 우리의 보증자와 중보자로서 그리스도께서 우리를 위해 성취하신 모든 유익들은 우리의 보증자이신 예수 그리스도와 연합함으로써 실제적으로 우리의 것이 된다. 번연은 이러한 연합에 대한 개인적인 경험을 『죄인 괴수에게 넘치는 은혜』에서 고백한다.

> 우리 여호와 하나님께서 참으로 나를 하나님의 아들과의 연합이라는 신비로 이끄셨습니다. 내가 그분과 하나가 되고, 그분의 살 중의 살이요 뼈 중의 뼈가 되었습니다. 내게 "우리는 그 몸의 지체임이라"(엡 5:30)라는 달콤한 말씀이 들려왔습니다. 바로 이 연합을 통해 나의 믿음이 의로 여겨졌고, 그 의가 더욱 확증되었습니다. 만일 그분과 내가 하나가 되었다면, 그리스도의 의는 나의 것이며, 그분의 공로도 나의 것이고, 그리스도의 승리도 나의 것이 됩니다. 이제 나는 하늘에서도, 땅에서도 나 자신을 볼 수 있게 되었습니다. 하늘에서는 나의 그리스도, 곧 나의 머리요 나의 의와 생명이 되신 그리스도로 말미암아, 그리고 땅에서는 나의 몸과 인성으로 말미암아 나를 보게 된 것입니다.[8]

---

7) Grew, *The Lord Our Righteousness*, 45. 참고. Ibid., 55.
8) Bunyan, 1:136.

칼빈 역시 『기독교 강요』에서 그리스도와의 연합에 대한 이러한 이해를 잘 서술한다.

> 그리스도께서 우리 밖에 계시고 우리가 그분으로부터 분리되어 있는 한, 그리스도께서 인류를 구원하기 위해 당하신 모든 고난과 행하신 모든 일들은 무익하고 아무런 유익이 없는 상태로 남게 될 것이다. 그러므로 그리스도께서 성부 하나님으로부터 받으신 모든 것을 공유하려면, 그분이 우리와 같이 되셔야 했고, 우리 안에 거하셔야만 했다.[9]

---

9) Calvin, *Institutes*, 3:1.1.

전가의 성취와 적용

 이러한 언약적 정황 속에서 그리스도가 하나님인 동시에 사람이 되시는 성육신이 필요했다. 하나님께서 이러한 성육신 없이 죄인들을 용서하고 완전한 의를 전가하실 수 있는가 하는 질문은 뜨거운 쟁점 가운데 하나이다. 그러나 율법이 요구하는 공의를 만족시키려면, 그리스도의 성육신은 반드시 필요한 일이었다. 칼빈은 그리스도께서 아담의 후손을 구원하시기 위해 우리의 인성과 그 조건에 참여하셨다고 주장한다.[1] 청교도들도 마찬가지이다. 토마스 왓슨은 영원한 칭의라는 개념을 배격하면서 다음과 같이 주장한다.

 하나님께서 희생 제사 없이 죄를 용서하실 수 있는지에 대해서는 신학자들 사이에서 뜨거운 논쟁이 진행되고 있다. 물론 하나님의 능력에 제한이

---

1) Calvin, *Institutes*, 2:12.7.

없다는 사실에는 논쟁의 여지가 없다. 그러나 하나님께서 율법을 만족시키고 죄인을 자비로울 뿐만 아니라 공의롭게 구원하기로 결정하셨다면, 그리스도께서 자기 생명을 희생 제물로 내놓으시는 것은 필연적인 일이다.[2]

그류 역시 동일한 논점을 지적한다. 만일 그리스도의 본질적인 의, 즉 비공유적인 하나님의 의가 우리의 칭의를 위한 의가 되어야 했다면, "그리스도께서 성육신하실 필요가 없었을 것이다."[3] 그러나 언약 파기자의 칭의를 위해서는 그리스도의 신성뿐만 아니라 인성도 필요했다. 그러므로 "그리스도는 오직 신성에 따라서만 혹은 오직 인성에 따라서만 우리의 의가 되시는 것이 아니라, 신성과 인성 모두에 따라서 우리의 의가 되셔야만 했다. 하나님이자 사람이신 그리스도께서 자신의 완전한 순종으로 말미암아 우리의 죄로부터 우리를 구속하시고 의롭다 하시며 구원하신 것이다."[4] 오웬은 "우리는 절대적으로 반드시 하나님이자 사람이신 한 분 중보자를 소유해야 했다. 그렇지 않았다면, 그분은 결코 칭의를 온전히 이룰 수 없었을 것이다. 또한 그분은 반드시 절대적으로 거룩하신 분이어야 했다"라고 확증한다.[5]

청교도들은 특별히 그리스도의 삼중직(선지자직, 제사장직, 왕직)을 실례로 들어 하나님과 사람 사이에서 그리스도가 감당하시는 중보자직을 설명한다. 청교도 신학자의 원조인 에임스는 이렇게 말한다.

> 그리스도의 선지자직은 구원을 가져오시는 하나님의 모든 뜻에 대한 완전한 계시를 지칭한다……그리스도의 제사장직은 희생 제물을 통해 죄인들

---
2) Watson, *A Body of Divinity*, 174.
3) Grew, *The Lord Our Righteousness*, 23.
4) *The Book of Concord*, 539-540.
5) Owen, 2:158.

의 죄를 대속하고 그들을 위한 하나님의 은총을 획득하시는 직무이다……그리고 그리스도의 왕직은 권세와 권위를 통해 인간의 구원에 관한 모든 일들을 분배하고 시행하시는 주님의 능력이다……이 모든 일들은 중보자 되시는 그리스도가 왜 하나님인 동시에 사람이셔야만 했는지를 거듭 웅변적으로 보여 준다. 만일 그리스도가 하나님이 아니셨다면, 그분은 우리 영혼에 영원한 생명과 영원한 사망을 명령하시는 영적 왕이 되실 수 없었을 것이다. 또한 만일 그분이 사람이 되지 않으셨다면, 동일한 의미에서 그분의 몸의 머리가 되실 수 없었을 것이다.[6]

두 본성의 연합은 구속 언약 안에 뿌리내리고 있는 그리스도의 사명을 지시해 준다. 달리 말하면, 그리스도께서 자기 백성을 위해 사시고 돌아가시기 위해 이 세상에 오셨다는 말이다. 죄인들을 구원하는 것은 엄청난 일이며, 큰 희생을 치르는 사역이다. 그리스도는 이 사명을 위해 자기 생명을 내놓으셨다. 이는 참으로 위대한 사역이 아닐 수 없다. 브룩스는 그리스도의 이러한 속죄 사역에 대해 다음과 같이 정교하게 설명한다.

영혼의 구속은 참으로 엄청난 일이며, 비싼 값을 치러야만 하는 사역이다. 가련하고 비참한 영혼들을 죄와 진노와 사탄의 권세와 저주와 지옥과 정죄로부터 구속하는 일은 참으로 위대한 일이다. 바로 이것 때문에 그리스도께서 사람의 몸을 입고 이 땅에 나셨으며, 바로 이것 때문에 그분이 살아가고 땀 흘리고 신음하셨으며, 피 흘리고 죽고 부활하고 승천하신 것이 아닌가? 이것은 "포로 된 자에게 자유를, 갇힌 자에게 감옥의 문을 열어 주시

---

[6] Ames, *The Marrow of Theology*, 132-134.

는 것"이 아니고 무엇인가? 바로 이것이 "죄의 마침이 되고 죄를 그치게 하며 영원한 의를 가져오고, 마귀의 일을 멸하시는 것"이 아니고 무엇인가? 또한 "사망을 폐하시고 생명과 썩지 아니함을 가져오시고 우리를 정결케 하시며 선한 일에 열심 내는 하나님의 친백성을 만드시는 것"이 아니고 무엇이란 말인가? 확실히 구속 언약은 평범하고 일반적인 일이 아니다. 이는 하나님이자 사람이신 그리스도께서 관여하시는 일로서, 그러지 않았더라면 타락한 죄인은 가련하게도 영원한 멸망에 처했을 것이다.[7]

동일하게 존 번연도 이렇게 진술한다.

내가 말하지만, 그리스도는 살과 피를 취하심으로 우리와 같은 인성을 취하신다. 그러므로 하나님의 아들은 어떤 특별한 존재를 취하신 것이 아니라 인간의 몸과 영을 취하신 것이다. 다시금 말하지만, 그분이 취하신 것은 인간의 일반적인 본성의 한 부분이다. 그로 말미암아 아브라함의 모든 택한 씨를 붙드셨다. "이는 확실히 천사들을 붙들어 주려 하심이 아니요 오직 아브라함의 자손을 붙들어 주려 하심이라"(히 2:16). 따라서 그리스도는 신비 가운데 우리와 같이 되셨고, 구원받고 구원받아야만 할 모든 사람과 같은 성정을 취하셨다. 바로 이런 이유로, 오직 예수 그리스도께서 행하신 일을 우리가 행했다고 말하는 것이다. 예를 들면, 예수 그리스도께서 율법의 의를 성취하셨을 때, 그것이 실제로 우리의 본성 안에서 성취되었기 때문에 우리 안에서 성취되었다고 여겨지는 것이다.[8]

---

[7] Brooks, 5:184.
[8] Bunyan, 1:304.

성취된 이 의가 반드시 우리에게 적용되어야만 한다. 그렇지 않으면, 그 안에는 아무런 목적도 존재하지 않는다. 그리고 이것을 그리스도께서 효과적으로 우리에게 수여하시지 않는다면, 이 의는 우리 안에 전혀 발생하지 않을 것이다. 바로 이런 이유로 그리스도께서 자신의 영을 우리에게 보내신다. 그리스도의 의가 적용되지 않으면, 목적을 성취하지도, 효과를 발휘하지도 못한다.

오웬에 따르면, 그리스도는 "죽은 자가 그의 음성을 듣고 살아나며, 그들 안에서 요구되는 것은 무엇이든지 역사하여 죄인으로 하여금 그리스도의 의에 참여하게 함으로써 하나님의 용인을 받게 하기 위해" 자신의 성령을 죄인에게 보내신다.[9] 이런 국면에서 성령님은 목적을 지니신다. 즉, 성령님은 그리스도의 의의 사역을 계속 이루어 나가신다. 이와 동일하게 그리스도는 성령님을 통하여 '전가'라는 방식으로 자신의 완전한 의를 자기 백성에게 적용하신다. 이것은 그리스도께서 자신의 의를 자기 백성에게 전가하는 분이라는 의미가 아니다. 그리스도의 완전한 의를 죄인에게 전가하시는 분은 성부 하나님이시다. 그리고 죄인들은 전가라는 방식을 통해 그리스도의 의를 받아들인다. 오웬은 이에 대해 다음과 같이 설명한다.

> 그러므로 그리스도께서 그분 자신의 일을 다루고 계신다. 그분은 그들을 위한 의를 성취하고 완성하시기 위해 살고 죽으셨다. 그들로 하여금 하나님 앞에서 완전히 용인된 것을 즐거워하게 하는 것이 바로 그리스도께서 목표하시는 바이다. 그러고 나서 그리스도는 이것을 그들에게 제공하고 그들의 마음을 자극하여 그것을 반드시 바라고 구하게 하시려고, 그것이 그들의 영혼에 얼마나 유익하고 고귀한 것인지를 선언하신다. 그리고 마지

---

9) Owen, 2:175.

막으로 반드시 이로 말미암아, 이것 때문에, 그리고 이것과 함께 그들이 성부 하나님 앞에서 완전히 용인받도록, 하나님께서 이것을 그들에게 효과적으로 수여하시고 그들의 것으로 간주하신다.[10]

우리는 지금까지 그리스도의 순종의 전가 교리에 대한 신학적 구조를 살펴보았다. 전가 교리에 대한 청교도의 뼈대는 하나님의 은총과 은혜의 신비와 위대함을 증언한다. 우리 하나님께서 죄인들의 구원을 계획하지 않으셨다면, 우리에게는 아무런 희망도 없었을 것이다. 마찬가지로 그리스도의 삶과 죽음에 나타난 그분의 완전한 순종이 우리에게 전가되지 않았다면, 신자들을 위한 의는 존재하지 않았을 것이다. 그리고 성령 하나님이 의를 적용하시지 않았다면, 우리는 결코 의롭다함을 받지 못했을 것이다.

성부 하나님은 땅의 기초를 놓기 전에 우리와 은혜 언약을 맺으셨고, 그분의 독생자와 구속 언약을 맺으셨다. 이러한 언약적 정황 속에서 그리스도께서 성육신하셨고, 우리의 칭의를 위해 그리스도께서 자원하여 능동적으로 자신의 삶과 죽음을 통해 모든 율법에 순종하셨다. 이러한 그리스도의 능동적 순종이 우리에게 전가되어 우리가 하나님 앞에 서도록 우리를 완전히 의로운 자로 만든다. 성령님은 이 완전한 순종을 신자들에게 적용하신다. 따라서 그리스도의 순종의 전가 교리에 대한 청교도의 이해는 역사 이전에, 그리고 역사를 통해 드러나는 삼위일체적 사역을 강조한다.

결론적으로 말하자면, 역사가 시작되기 전에 그리스도의 능동적 순종의 전가가 성부 하나님에 의해 계획되었고, 그리스도에 의해 역사 안에서 성취되었으며, 성령 하나님에 의해 적용되는 것이다.

---

10) Ibid.

7장

전가 교리와 그리스도인의 삶

전가 교리의 역사적·신학적 발전을 고찰했으므로 이제 이 교리가 그리스도인의 삶과 필연적으로 어떤 관계가 있는지를 살펴보아야 마땅할 것이다. 우리는 건전한 교리가 항상 그리스도인의 건전한 삶과 연결된다고 믿는다. 청교도들에게 불의한 자의 칭의란 의롭다함을 받은 자가 여전히 불의한 상태로 남아 있다는 의미가 아니었다. 어떤 이들은 칭의가 법정적 허구의 교리라고 주장한다. 그러나 전가의 결과는 법정적 허구와는 전혀 다르게, 실질적이고도 영구한 최고의 복락들을 낳는다. 예를 들면, 죄의 사면과 하나님의 은총의 회복, 하나님의 용인, 중생과 선행, 순종, 하나님의 보증, 영원한 사랑, 영원한 생명들이 이 교리로부터 파생되는 복들이며, 이것들은 모두 하나같이 우리가 간절히 바랄 만큼 실제적이고도 객관적인 것들이다.

달리 말하면, 칭의는 경건한 생활을 수반한다. 그렇다고 해서 앞서 언급한 모든 복락들이 칭의의 원인적 요소가 되는 것은 아니다. 이것들은 비록 칭의와 필연적으로 연결되어 있지만, 분명하게 구별되는 복들이다. 비록 칭의가 그리스도의 능동적 순종을 근거로 죄인들을 의롭다 하는 하나님의 법정적 선언이기는 하지만, 그렇다고 해서 칭의가 그들의 현실의 삶을 감화하지도 않고 영향을 끼치지도 않은 상태로 내버려 두는 것은 아니다. 도리어 칭의는 신자의 현실의 삶에 치명적으로 중대한 영향을 끼친다. 칭의는 그리스도인의 삶을 힘과 강력으로 무장시켜 주는 거대한 엔진과도 같다. 그렇다면 칭의는 그리스도인의 삶에 어떤 영향들을 미치는가? 크게 중생과 성화, 그리고 확신과 교회 생활에 대해서만 간략히 논하고자 한다.

중생

무엇보다도 먼저 칼빈의 말을 빌려 시작하자면, "칭의의 은혜는 중생과 분리되어 있지 않다."[1] 그러나 동시에 칼빈은 "칭의와 성화는 구별되는 독특한 것"이라고 덧붙인다.[2] 이와 관련하여 루터는 중생과 칭의의 관계를 올바로 이해하지 못한 듯하다. 더욱이 루터는 '중생'을 상당히 광범위한 개념으로 이해했다. 물론 칭의와 성화는 비록 구별되는 독특한 것이지만, 그리스도와의 연합이라는 특별한 항목 아래 서로 분리할 수 없는 관계로 엮여 있다. 칼빈은 칭의에 관한 오시안더(Osiander)의 견해를 배격하면서, "의롭다함을 받는다는 것은 새로운 피조물이 된다는 것과는 다른 의미이다"라고 말한다.[3] 피터 툰은 여기에 주목하여, 칭의와 중생의 관계에 대해 "땅에서 중생이 없는 한 하늘에서 칭의는 없다. 하나님의 하늘 법정에서는 매일의 삶의 현장에서 수행되는 선한 행위를

---

1) Calvin, *Institutes*, 3:11.11.
2) Ibid.
3) Ibid., 3:2.6.

동반하지 않는 전가된 의란 존재하지 않는다"라고 진술한다.[4] 툰은 "명료함을 위해 개념을 구별할 수는 있어도, 참된 기독교로서 존재하려면 실제 삶에서 이 두 가지 국면이 불가분 함께해야만 한다"라고 덧붙인다.[5]

청교도들은 종교개혁자들과 더불어 칭의를 성화와 올바르게 구별했다. 중생은 지성적으로, 정서적으로, 의지적으로, 그리고 도덕적으로 즉시 영향을 미치는 인간 본성의 변화이다. 달리 말하면, 중생은 신자 개인의 영적 갱신을 뜻한다. 이것은 바울이 디도에게 말한 바, "우리를 구원하시되 우리가 행한 바 의로운 행위로 말미암지 아니하고 오직 그의 긍휼하심을 따라 중생의 씻음과 성령의 새롭게 하심으로 하셨나니"(딛 3:5)라는 표현과 무관하지 않다. 즉, 중생은 씻어 주시는 것과 새롭게 해 주시는 것이다. 레이몬드(Raymond)는 이와 같은 "신적인 사역을 통해 죄인이 새로운 삶으로 다시금 창조되고, 그 마음의 더러움이 씻기며 깨끗함을 입는다"라고 올바르게 진술한다.[6] 개혁주의 신학자들은 중생을 새로운 생명을 생성하는 하나님의 창조 사역으로 정의한다. 즉, 중생이란 하나님께서 인간의 영혼에 새로운 영적 생명의 원리를 불어넣어 죄와 사망으로 향했던 삶의 방향을 하나님께로 옮기게 만드는 위대한 변화의 발생이다.

그러나 중생은 죄인의 죄와 죄책을 사해 주지 않는다. 죄인의 죄는 오직 그리스도의 의의 전가라는 수단으로만 용서받을 수 있다. 그류는 "중생에 내재하는 은혜들은 죄인들의 죄를 사면하거나 하나님 앞에서의 죄책을 제거하지 않는다. 그들의 은혜로운 행위도, 가장 겸손한 기도도, 가장 거룩한 생활도 결코 죄를 사면할 수 없다"라고 적절히 진술한다.[7]

주요 청교도들에 따르면, 중생으로 말미암아 시작되는 선한 행위가 우리를

---

[4] Toon, *Justification and Sanctification*, 80.
[5] Ibid.
[6] Raymond, *A New Systematic Theology of the Christian Faith* (Nashville: Thomas Nelson Publishers, 1998), 719.
[7] Grew, *The Lord Our Righteousness*, 19.

의롭게 하지 못한다는 것은 너무나 명백한 사실이다. 그러나 우리가 앞서 살펴보았듯이, 중생이 칭의와 아무런 관계가 없는 것은 아니다. 오히려 중생과 칭의는 그리스도와 신자의 연합으로 말미암아 긴밀하게 연결되어 있다. 우리가 그리스도 예수를 믿을 때, 우리는 즉각 그리스도와 연합되며, 의롭다함을 받을 뿐만 아니라 중생된다. 그러므로 에임스는 "신자가 그리스도와 연합하는 복에 참여하게 될 때, 신자가 하나님을 향하여 훌륭하게 살아가기 위해 필요한 모든 것을 얻게 된다"라고 올바르게 강조한다.[8] 이러한 참여는 "신자가 죄와 사망에서 의와 영원한 생명으로 옮겨 가는 상태의 변화와 개정을 가져온다."[9] 한편, 왓슨은 "하나님은 우리가 가치 있는 존재이기 때문에 우리를 의롭게 하시는 것이 아니라 우리를 의롭다 하심으로써 가치 있게 만드신다"라고 확증한다.[10]

번연은 『천로역정』에서 구원이라고 불리는 지점에 이르러, 삼위일체 하나님께서 크리스천에게 행하시는 일을 훌륭하게 묘사한다. 여기서 중생과 칭의를 아주 명확하게 그리는데, 번연은 현대의 어느 조직신학자 못지않게 중생과 칭의를 정의하고, 그 관계를 아름답게 설명한다.

> 크리스천은 기쁘고 즐거웠다. 그리고 흥분하여 말했다. "그분이 그분의 슬픔으로 내게 안식을 주셨고, 그분의 죽음으로 내게 생명을 주셨습니다." 그러고 나서도 크리스천은 잠시 동안 감탄에 휩싸여 서 있었다. 왜냐하면 이런 광경은 그에게 참으로 놀라운 것이었기 때문이다. 십자가의 광경이 그의 죄 짐을 가볍게 해 주었기 때문이다. 그래서 그는 보고 또 보고, 계속해서 보았다. 그의 뺨 위로 눈물이 흘러내렸다(슥 12:10 참고). 그가 눈물을 흘리

---

8) Ames, *The Marrow of Theology*, 160.
9) Ibid., 161.
10) Watson, *A Body of Divinity*, 227.

면서 십자가를 바라보고 있을 때, 빛나는 세 존재가 그에게로 다가오더니 "그대에게 평강이 있을지어다"라고 인사하였다. 첫 번째 존재가 말씀하셨다. "그대의 죄가 사함을 얻었노라." 그러자 두 번째 존재가 오셔서 그의 더러운 옷을 벗기고는 그에게 빛나고 아름다운 옷을 입히셨다(슥 3:4 참고). 그러고는 세 번째 존재가 오셔서 그의 이마에 표식을 주고, 그에게 봉인된 한 두루마리를 주셨다. 그리고 천성의 문에 이르렀을 때 그것을 제시하라고 명령하셨다.[11]

이와 같이 칭의와 중생은 동시에 발생한다. 이것들은 분리되지 않으며, 다만 구별될 뿐이다. 그러나 의롭다함을 받는 근거가 본성의 변화인 중생에 있지 않고 그리스도의 의의 전가에 있다는 것을 분명히 확증해야 한다.

성화

성화란 중생한 신자들의 영혼에 심긴 거룩하고도 강력한 영적 생명으로 말미암아 그 거룩한 성향이 그들의 삶에서 계속 발현되고 구현되는 것이다. 이런 의미에서 성화는 하나님의 사역이자 신자의 사역이다. 하나님께서 거룩하게 하시고, 신자가 거룩해져야 한다. 이는 하나님이 일정 부분 역사하시고 신자가 일정 부분 애써야 한다는 의미가 아니다. 사도 바울은 빌립보교회에 편지하면서 이렇게 말한다.

"그러므로 나의 사랑하는 자들아, 너희가 나 있을 때뿐 아니라 더욱 지금 나 없을 때에도 항상 복종하여 두렵고 떨림으로 너희 구원을 이루라. 너희 안에서 행

---

11) Bunyan, 3:102-103.

하시는 이는 하나님이시니 자기의 기쁘신 뜻을 위하여 너희에게 소원을 두고 행하게 하시나니"(빌 2:12,13).

따라서 성화는 하나님께서 우리 안에서 행하시는 일인 동시에 우리가 두렵고 떨림으로 이루어 가야 할 거룩한 사역이다.

그러나 성화라는 거룩한 사역도 우리의 칭의의 근거가 되지는 않는다. 칼빈과 청교도들은 우리 안의 그 어떤 행위로도, 그리고 다른 어떤 복음적 순종으로도 우리를 의롭게 할 수 없다는 점을 분명히 밝혔다. 특히 칼빈은 이 점을 매우 단호하게 지적했다. 그는 심지어 신자 안에는 의를 획득할 만큼 거룩하거나 칭찬할 만한 점이 단 하나도 없다고 말한다.

> 인간들이 생산해 낼 수 있는 가장 선한 행위라 할지라도, 그 행위에는 육체의 더러움으로 인해 결점이 있고 오염되었으며, 말하자면 찌꺼기 같은 것이 섞여 있다. 하나님의 거룩한 종으로 하여금 자신의 전 생애를 통해 행한 일들 중 가장 주목할 만한 선한 행위를 선택하게끔 하라. 그리고 그 행위를 이리저리 돌려 보며 생각해 보게 하라. 그리하면 그는 의심할 여지 없이 선한 행위를 하고자 하는 열심조차 우리가 달려가야 할 경주에서 우리의 결점과 연약함을 절대 막지 못하며, 그 안에서 육체의 썩은 냄새가 난다는 것을 깨달을 것이다.[12]

그렇지만 칼빈은 "선행이 결핍된 믿음을 내세우거나 선행 없이도 칭의가 설 수 있다"고 주장한 적이 단 한 번도 없다.[13] 존 리스(John H. Leith) 역시 칼빈의 이러한 주장에 주목한다.

---

12) Calvin, *Institutes*, 3:14.9
13) Ibid., 3:16.1.

오직 믿음으로 말미암는 칭의와 성화의 관계는 개신교 신학에서 대단히 중대한 문제이다. 칭의와 성화의 관계에는, 한편으로는 율법폐기론주의라는 함정과 다른 한편으로는 어떤 종류의 행위로 말미암아 의를 이루려는 유혹이 사라지지 않고 끊임없이 존재한다. 칼빈은 이러한 문제를 잘 인식하고 있었다. 그는 오직 믿음으로 말미암는 칭의 교리를 어느 누구도 율법폐기론주의의 한 형태로 오해하지 않도록 최선을 다해 노력했으며, 논리적으로는 칭의 교리를 먼저 다루어야 하는데도 회개에 대한 교리와 그리스도인의 삶에 대한 교리를 먼저 다루었다.[14]

마찬가지로 청교도들도 선한 행위가 칭의에서 아무런 역할도 할 수 없다는 점을 강조했다. 그러나 동시에 그들은 선한 행위가 신자의 삶에서 얼마나 중대한지를 잘 보여 주었다. 이와 같이 청교도들은 칭의를 성화와 올바르게 구별했다. 칭의가 우리에 대한 하나님의 역사인 한편, 성화는 우리 안에서 이루시는 하나님의 역사이다. 칭의는 신자의 신분에 대한 관계적 변화와 관련된 반면, 성화는 실제적인 변화와 관련된다. 청교도들에 따르면, 칭의는 단번에 이루어진 사역인 반면, "성화는 점진적인 발전의 과정"이다.[15]

그러나 청교도들은 언제나 칭의와 성화가 함께한다는 사실을 강조했다. 만일 한 사람이 의롭다함을 받았다면, 그는 반드시 거룩해져야만 한다. 사도 바울은 고린도전서 1장 30절에서 "너희는 하나님으로부터 나서 그리스도 예수 안에 있고 예수는 하나님으로부터 나와서 우리에게 지혜와 의로움과 거룩함과 구원함이 되셨으니"라고 선언한다. 에임스는 실제적 변화(성화)가 "칭의의 표현이

---

14) John H. Leith, *John Calvin's Doctrine of the Christian Life* (Louisville, Kentucky: John Knox Press, 1989), 95.
15) Watson, *A Body of Divinity*, 242.

며 결과"라고 역설한다.[16] 왓슨도 "성화가 없이 우리가 의롭다함을 받았다는 증거는 존재하지 않는다"라고 말한다.[17] 그래서 랄프 로빈슨은 "우리의 칭의는 그리스도의 의로 말미암으며, 우리의 성화는 우리가 받은 칭의의 증거이다"라고 결론 내린다.[18] 그러므로 "칭의와 성화는 함께 가는 것"이다.[19] 우리가 비록 칭의와 중생을 구별한 것처럼 칭의와 성화도 구별할 수 있겠지만, 그것들을 분리하거나 따로 떼 놓아서는 안 된다. 칭의와 성화는 태양의 빛과 열처럼 서로 연합되어 있다. 그러나 이것 역시 죄인들이 그들의 거룩한 성화의 행위로 말미암아 의롭다함을 받는다는 의미는 아니다.

그류는 "칭의의 요점에 관한 한, 우리의 선천적 의 또는 내재적 의는 우리의 죄와 마찬가지로 반드시 부정되어야 한다"라고 경고한다.[20]

따라서 만일 우리가 그리스도께서 우리를 위해 행하신 일을 따라 구원을 성취하기 위하여 우리의 순종과 의를 수행하려 한다면, 그것은 "우리의 순종을 우리가 받은 칭의의 조건이나 원인으로 만드는 것"이며, "우리를 향한 그리스도의 순종의 전가를 부인하는 것"이다.[21]

우리는 절대적으로 그리스도의 완전한 순종의 전가로 말미암아 의롭다함을 받는다. 그렇다면 도대체 우리 자신은 왜 순종해야 하는가? 달리 말하면, 성화는 왜 존재하는가? 이에 대해 오웬은 다음과 같이 대답한다.

> 비록 그것이 원인이나 질료가 아니며 우리가 받은 칭의의 조건이 아니라 할지라도, 성화는 하나님께서 우리의 구원을 이루기 위해 지정하신 방식이

---

16) Ames, *The Marrow of Theology*, 166.
17) Watson, *A Body of Divinity*, 244.
18) Ralph Robinson, *Christ All And In All*, 49.
19) Watson, *A Body of Divinity*, 244.
20) Grew, *The Lord Our Righteousness*, 25.
21) Owen, 2:181.

다. 그러므로 영원한 생명을 바라는 자는 하나님이 거룩하신 것처럼 자신을 정결하게 해야 한다……거룩이 없이는 하나님을 보는 것이 전적으로 불가능하기 때문이다.[22]

오웬에 따르면, 신자는 그리스도의 완전한 의를 전가 받은 것을 충심으로 증명해야 한다.[23] 이런 점에서 성화는 칭의를 올바르게 인식하고 이해하는 데서 흘러나온다고 할 수 있다. 성화는 필연적으로 칭의에 뒤따른다. 리처드 십스는 이 주제에 대해 다음과 같이 명확하게 설명한다.

마찬가지로 거룩한 생활의 문제, 즉 전 생애에 걸친 거룩한 삶의 문제와 관련해서도 '주의 영이 계신 곳에는 자유함이 있으며' 죄의 종노릇으로부터 자유롭게 된다. 우리의 지식이 무지의 종노릇으로부터 자유롭게 되고, 우리의 감정도 그러하며, 모든 속사람과 겉사람이 자유롭게 된다. 그러나 이러한 거룩의 자유, 즉 내재적 자유는 우리가 받은 칭의, 즉 그리스도의 의로부터 받은 자유에서 흘러나온다. 우리는 이 그리스도의 의로 말미암아 완전히 의롭게 되며, 사탄이 우리를 속박하는 모든 항목으로부터 자유롭게 된다. 우리는 하나님의 저주와 율법으로부터 자유함을 얻고, 성화의 과정을 통해 은혜에서 은혜로 나아간다. 칭의 이후 그리스도의 영이 오신다. 하나님께서 죄를 사면해 주시는 사람들에게 자신의 성령을 주셔서 거룩하게 하시는 것이다. 성령님은 나의 죄가 용서받았다는 확신을 주시고 나의 본성까지 거룩하게 하신다. 성화의 영이 계신 곳에는 죄의 통치권이 파괴된다. 이런 과정이 있기 전까지 인간의 전 생애는 계속되는 범죄와 하나님을

---

22) Ibid., 186.
23) Ibid., 187.

불쾌하게 하는 일들로 가득할 뿐이다. 그러나 이제 성화의 영으로 말미암아 은혜로운 기질의 자유함과 마음의 관대함이 태동된다. 인간이 저주와 정죄의 선고로부터 법적으로, 그리고 신분적으로 자유함을 얻게 될 때, 그 어떤 속박도 없이 하나님을 자유롭게 섬길 수 있는 자유롭고도 자발적인 기질을 소유하게 된다.[24]

확신과 그리스도인의 생활

그리스도의 능동적 순종의 전가는 우리가 법적으로 의로운 자가 되었음을 선언할 뿐만 아니라 그것에 대한 견고한 확신과 보증을 제공한다. 전가의 즉각적인 결과는 위대한 평강과 안전에 대한 감정이다. 오웬은 "그들 자신과 그들의 영혼을 향한 엄청난 평강과 안전을 누리는 한 방법으로" 그리스도의 의를 인정하고 그 안에서 즐거워해야 한다고 말한다.[25] 이어서 오웬은 다음과 같이 설명한다.

> 그들은, 그리스도의 의에 굴복하지 않고 자신들의 고유한 의를 수립하기로 했을 때 그들이 계속되는 변덕스러운 생각으로 얼마나 비참하게 이랬다저랬다를 반복했는지 생각하며, 자신들의 상태와 처지가 어떠했는지를 반드시 기억해야 한다. 때때로 그들은 소망으로 가득 찼지만, 또 때로는 두려움과 절망으로 가득 차기도 했다. 때때로 그들은 어느 정도 좋은 상태에서 소망을 느끼다가도 지옥 직전까지 떨어지기도 했다. 그들의 양심은 죄에 사로잡히고 두려움으로 갈기갈기 찢어졌다. 그러나 믿음으로 말미암아

---

24) Sibbes, 4:220-221.
25) Owen, 2:190.

의롭다함을 받은 이후, 그들은 하나님과 함께 평강을 누린다(롬 5:1 참고). 모든 것이 평온하고 평강하다. 폭풍이 지나갔을 뿐만 아니라, 그들은 지금 장차 이르게 될 천국을 누리고 있다. 그들은 하나님과 더불어 영속적인 평화를 누린다. 가련한 영혼에게 그리스도가 어떤 분이신지를 설명하는 이사야 선지자의 말을 들어 보라. "또 그 사람은 광풍을 피하는 곳, 폭우를 가리는 곳 같을 것이며, 마른땅에 냇물 같을 것이며, 곤비한 땅에 큰 바위 그늘 같으리니"(사 32:2). 광풍과 폭우와 마른땅과 기근과 곤비함이 그리스도 안에 있는 그를 더는 괴롭히지 못한다. 그에게는 이제 안전하게 피할 은밀한 은신처, 시냇물, 큰 바위 그늘이 생긴 것이다. 이것이 바로 그리스도로 말미암아 하나님께서 우리를 받아 주시는 믿음의 큰 비밀이다.[26]

그러나 클락슨이 올바르게 지적했듯이, 이 확신이 곧 "의롭다 하는 행위"는 아니다. "그것은 오히려 믿음의 행위라기보다 믿음 이후에 나타나는 결과이다."[27] 우리의 확신과 보증은 우리에게 전가된 그리스도의 완전한 의에 기초한다. 확신을 경험하는 주체는 나 자신이지만, 그 확신의 근거는 우리 안에 있지 않고 그리스도 안에 있다. 그리고 그리스도 안에 있는 확신의 근거는 우리에게 평강과 은혜를 수여한다. 브룩스는 모든 신자들이 "하나님의 공의를 최대한 만족시키고 하나님의 모든 사법적 진노와 노여움을 가라앉히기에 충분한" 그리스도의 전가된 의 안에서 누리는 이 평강과 위로를 반드시 알아야 한다고 말한다.[28] 브룩스는 이 확신의 핵심이 그리스도께서 자신의 능동적 순종을 통해 이루신 대속과 만족에 있다는 사실을 정확히 지적한다.

---

26) Owen, 2:191.
27) Clarkson, 1:91.
28) Brooks, 5:234-235.

신자가 자신이 저지른, 그리고 지키지 못하여 실족한 수천수만의 죄를 바라볼 때는 두렵고 불안한 것이 당연하다. 그러나 그가 그리스도의 속죄와 대속을 바라본다면, 자신이 그로 말미암아 죄 사함을 선언받은 것으로 기뻐하게 될 것이다. 그 누구도 구주 예수 그리스도를 고소하고 정죄할 수 없다면, 신자를 향해서도 고소하고 정죄할 수 없을 것이다(롬 8:33-37 참고).[29]

그러므로 신자들은 오직 전가된 그리스도의 의 안에서 자신의 영원한 구원을 즐거워하고 확신할 수 있다. 따라서 청교도들은 그리스도의 의의 교리가 하나님을 향한 뜨거운 사랑과 순종을 장려하는 매개체로서 우리의 것이 될 수 있다고 믿었다. 그류는, 그리스도의 완전한 순종의 전가가 신자의 마음 안에서 이렇게 작용하는 것에 대해, "무조건적인 은혜에 기초한 그리스도의 의에 정통한다면, 그것은 우리의 순종과 경건한 삶에 유익한 유모가 될 수 있다"라고 설명한다. 이어서 그는 "무조건적인 은혜를 맛보면 무조건적으로 그리스도를 섬기게 되며, 그분을 위해 기꺼이 고난을 감수하게 된다"라고 말한다.[30]

더 나아가 그리스도의 능동적 순종과 수동적 순종은 칭의의 필수 불가결한 요소일 뿐만 아니라, 신자의 성화와 관련해서도 전형적인 모범과 귀감이 된다. 리처드 십스는 이를 다음과 같이 명쾌하게 설명한다.

만일 누군가가 하나님의 뜻에 따라 고난을 받는다고 생각해 보자. 하나님께서 자신을 고난 가운데 두실 때 그가 얼마나 즐겁게 자신의 영혼을 주님 앞에 맡기겠는가! 하나님의 뜻대로 받는 고난은 그분의 뜻을 수행하는 것만큼이나 힘든 일이다. 따라서 수동적 순종도 능동적 순종만큼이나 어려

---

29) Ibid.
30) Grew, *The Lord Our Righteousness*, 41.

운 일이다. 능동적 순종의 경우, 우리는 우리가 행하는 일들이 하나님을 기쁘시게 한다고 믿으며 열심을 낸다. 수동적 순종의 경우, 우리는 반드시 하나님께서 행하시는 일을 통해 우리를 기쁘게 하신다는 사실을 믿고 노력하고 애써야 한다. 능동적 순종이든 수동적 순종이든, 우리에게는 모두 힘들고 어렵다. 그러므로 모든 일을 할 때 우리의 의지를 하나님의 복된 뜻에 맞추어 순종하게 해 달라고 간구하자. 그대는 이러한 모범에 합치되는 삶을 살고 싶은가? 그렇다면 우리가 영광 가운데 그리스도와 하나 되기 위해 반드시 따라야 할 순종의 모범이 되시는 신성하고 거룩하신 우리의 구주를 바라보라. "그 후에 말씀하시기를 보시옵소서. 내가 하나님의 뜻을 행하러 왔나이다"(히 10:9). 그리스도의 전 생애가 하나님의 뜻을 행하고 그 뜻에 따라 고난당하신 것 외에 무엇이란 말인가?[31]

그러므로 그리스도의 능동적 순종의 전가 교리는 신자로 하여금 확신 가운데서 하나님의 영광과 하나님 나라를 위해 살아가게 한다.

---

31) Sibbes, 1:403.

나가는 말

앞서 밝혔듯이, 일부 현대 신학자들은 개혁주의 전가 교리를 부정하거나 적어도 청교도들과 같은 후기 개혁주의자들이 칼빈의 가르침에서 벗어났다고 주장한다. 그렇다면 과연 칭의에 관한 개혁주의 전가 교리와 관련하여, 종교개혁자들과 후기 개혁주의자들 사이에 근본적인 차이점이 존재하는지 여부가 문제의 초점이 될 것이다. 만일 근본적인 차이점이 존재한다면, 우리는 그리스도의 능동적 순종의 전가 교리를 더 이상 가르쳐서는 안 되는가? 그들의 주장대로, 그리스도의 의의 전가는 그저 법정적 허구에 불과한가? 과연 청교도 같은 후기 개혁주의자들은 그리스도의 능동적 순종을 그분의 수동적 순종과 구별하였을 뿐만 아니라 그것들을 서로 분리시켰는가?

이러한 오늘날의 질문들에 대해 청교도들이 뭐라고 대답할지는 그들이 현재 살아 있지 않으므로 단정할 수 없다. 그러나 17세기 당시 주요 청교도들이 종교개혁자들과 마찬가지로 주입된 의를 배격하고 그리스도의 완전한 순종으로 전가된 의를 확증했으며, 이러한 그리스도의 의의 전가를 죄인의 영원한 구원의 기초로 간주했다는 것은 명백한 사실이다. 그러므로 주요 청교도들은 아마도 앞에 언급한 여러 질문들에 반대되는 대답을 내놓았을 것이다.

청교도들은 그리스도의 능동적 순종을 그분의 수동적 순종과 분명하게 구별했다. 능동적 순종은 그리스도가 우리를 위해 우리 안에서 전체 율법을 완전히 성취하신 것을 지칭하며, 수동적 순종은 우리를 위한 죄의 형벌에 대한 변제로서 그리스도가 당하신 고난과 십자가에서의 죽음을 지칭한다. 전자를 통해 우리는 영원한 생명을 얻고, 후자를 통해 우리는 완전한 죄의 사면을 받는다. 그러나 또한 그들은 그리스도의 능동적 순종과 수동적 순종을 절대 분리하지 않았다. 청교도들 중 어느 누구도 이 땅에서 우리 주님이 살아가신 생애의 특정한 시기나 행위를 능동적 순종으로, 또 다른 시기나 행위를 수동적 순종으로 할당하거나 분절시키지 않았다. 오히려 그와는 반대로, 청교도들은 "그리스도께서 고난 가운데서 순종하시고 순종 가운데서 고난받으셨음"을 확증하면서 그리스도의 순종의 연합을 강조했다.

이 점과 관련하여 우리가 살펴본 대로, 청교도의 능동적 순종이라는 표현은 포괄적인 개념으로 해석되어야 한다. 이 능동적 순종은 그리스도의 수동적 고난을 포함하는 개념이다. 청교도들은 그리스도의 능동적 순종과 수동적 순종이라는 용어를 사용할 때, 이 둘을 분명하게 구별하면서도 그리스도의 능동적 순종과 수동적 순종이 언제나 자발적 순종이라는 점을 강조했다. 따라서 주요 청교도들이 강조했던 그리스도의 능동적 순종과 수동적 순종은 단순히 분리할 수 없는 국면을 지닌, 또는 그리스도가 행하신 하나의 적극적인 순종이 띤 두 가지 다른 특징이라고 말할 수 있다.

모든 것을 종합해 볼 때, 17세기 청교도들이 그리스도의 능동적 순종과 수동적 순종을 구별한 것이 비성경적이라는 비난과 고소는 무례하고도 잘못되었을 뿐 아니라 공정하지 못한 처사가 아닐 수 없다. 개혁주의 교리는 오늘날의 교회에도 여전히 적실성을 지니고 있다. 로마 가톨릭주의와 알미니안주의, 소시니안주의, 율법폐기론주의, 그리고 신율법주의 신학은 오늘날에도 여전히 다른 방식과 형태로 영향을 끼치고 있다. 그들은 역사 가운데 계속해서 그리스도의 완전한 의보다 스스로 고안해 낸 의를 더욱 선호해 왔다. 오웬은 교황주의적 칭의 교리가 장차 다시금 출현할 것이라고 경고했다.

이에 대해 로마주의자들과 논쟁하기를 피한다면, 체면이 손상되는 정도가 아니라 엄청난 두려움을 양산하게 될 것이다. 왜냐하면 그리스도의 보혈을 통한 무조건적 칭의와 그분의 의의 전가 교리가 인간의 마음속에 계속 보존되고 확실히 자리 잡지 못한다면, 교황주의적 칭의 교리가 그 모든 부수적 요소들과 결과들을 동반한 채 이 세상에 다시금 출현할 것이기 때문이다.[1]

그로부터 거의 200년이 지난 후, 제임스 뷰캐넌은 자신이 칭의 교리에 대해 저술하는 목적을 설명하면서 동일한 우려를 시사했다.

그러나 이 강좌들은 논쟁적으로 기술되었다기보다 교훈적으로 진술되었다. 왜냐하면 나는 지난 일평생 동안 이러한 오류들을 논박하고 배격하는 유일한 길이 진리를 선포하고 수립하는 것이라고 확신해 왔기 때문이다. 진리를 선포하는 것이 곧 오류를 논박하는 일이 될 것이다. 진리는 하나인 반면, 오류는 다양한 형태를 띤다. 그러므로 진리가 한 번 확고히 서기만

---

1) Owen, 5:205-206.

하면, 진리를 대적해 왔거나 진리를 대적하기 위해 고안된 것들은 모두 전복되고 파괴될 것이다. 오류를 폭로하고 내쫓는 신실한 주의 종들은 그 일을 잘 수행해야 한다. 왜냐하면 진리를 확고히 마음에 품고서 영원히 문을 잠그기까지, 칭의 교리를 대적하는 자들의 오류들은 반드시 또 다른 모양을 하고 돌아올 것이기 때문이다.[2]

오늘날 참된 기독교와 로마 가톨릭의 차이가 희미해지고 말았다. 이 세상에 존재하는 모든 종교에 구원이 있다고 주장하는 것이 오늘날의 영향력 있는 사조가 되어 버렸다. 마치 어느 산의 정상에 오르는 길이 여러 갈래가 있는 것처럼, 모든 종교가 '구원'이라는 동일한 정상에 오르는 저마다의 고유한 길인 양 여겨진다. 이슬람교의 알라가 기독교의 삼위일체 하나님과 동일한 신이라고 주장되기도 한다. 종교의 화합과 통합과 통일이 오늘날의 화두가 되어 버렸다. 오히려 오늘날 성경적 기독교는 지나치게 배타적인 것으로 간주된다. 이런 정황 속에서도 청교도들은, 성삼위 하나님의 경륜에 의한 구속 언약에 따라 예수 그리스도를 우리의 죄를 대속하신 구세주로 믿고 그리스도의 능동적 순종의 전가를 기초로 의롭다함을 받기 전에는 우리가 절대 의로운 자가 될 수 없으며, 하나님 앞에서 구원받을 수도 없다고 강조했을 것이다. 그러하기에 전가 교리에 대한 청교도의 단언적 확증은 오늘날 우리 시대에도 여전히 적실성을 가진다.

우리는 절대 진리가 더 이상 필요하거나 중요하지 않다는 소위 포스트모던 사상이 지배하는 21세기를 살고 있다. 사람들은 진리보다는 감정과 경험에 더 관심을 기울인다. 신학적 또는 교리적 엄밀성은 배격된다. 논쟁은 거친 것이며,

---

[2] Buchanan, *The Doctrine of Justification*, 15.

반드시 피해야 할 것으로 여겨진다. 진리를 강조하고 이단 사설과 분리하는 것보다는 연합을 더 중대한 것으로 간주한다. 이른바 '목회 현장'과 '교회 성장'이라는 논리가 '진리의 보전'이라는 논리보다 더 우선순위에 있다. 결국 타협과 절충이 불가피해진다. 청교도들은 바로 이런 것을 두려워하며 경고했다.

이미 설명한 대로, 리처드 백스터는 특별히 그리스도인들이 연합하기를 강하게 바랐으며, 당파적 관심이 종식되기를 원했다. 그래서 백스터는 칭의와 관련된 전가라는 주제에 대해 모든 교파들이 연합할 수 있도록 중도적 접근(via media approach)을 시도했다. 그러나 교회와 기독교 단체의 진정한 연합이 "진리를 희생하면서" 성취될 수는 없다.[3] 전(前) 런던 신학교(London Theological Seminary) 학장이었던 필립 입슨(Philip Eveson)이 경고했듯이, "기독교의 연합이라는 관심사를 위해 칭의 교리를 축소하거나 과장하거나 수정하려고 시도하는 일은, 비록 지도적 위치에 있고 복음적 세계에서 존경받는 자가 관련되어 있다 할지라도, 모든 희생을 치르고서라도 반드시 배격되어야만 한다."[4] 연합은 반드시 진리와 성령 안에서 이루어져야 한다. 그렇지 않으면, 교회가 타락하고 기독교가 심각한 상처를 입게 될 것이다. 더욱 계몽된 오늘날조차도 진리가 연합보다 훨씬 더 중대하다.

그러므로 청교도들이 훌륭하게 설명한 바, 오직 믿음으로 말미암는 전가 교리는 거듭 천명되어야 한다. 청교도들은 위대한 신학의 실천가들이었다. 신학자 중의 신학자이자 청교도의 황태자인 존 오웬은 안락의자에 앉아 탁상공론만 늘어놓는 신학자가 아니었다. 피터 툰은 오웬을 "위대한 실천가"로 올바르게 묘사한다.

---

3) Eveson, *The Great Exchange: Justification by Faith*, 173.
4) Ibid.

"위대한 실천가" 오웬이 교리적 엄밀성과 정확성을 대단히 중요하게 여겼다는 것은 강조할 필요조차 없다. 바로 이런 이유로, 오웬은 1654년 3월 국가위원회의 요청을 받아들여, 영국 일신론자의 아버지인 존 비들이『이중적 요리문답』에서 제시한 소시니안주의적 견해를 배격하는 글을 저술하기도 했다. 오웬은 동일한 동기로 1654년 존 굿윈의 알미니안적 개념을 배격하여, 성도의 견인이라는 칼빈주의 교리를 오랫동안 변증했다. 마찬가지로 오웬은 1643년 캔터베리의 대주교 라우드의 로마 가톨릭적 견해와 1650년 속죄에 대한 백스터의 타협적 입장에 반대하여, 초창기 칼빈주의 신학을 변증하기도 했다. 오웬은 위대한 실천가였지만, 단 한 번도 무력이나 공권력을 사용하여 정통주의 신학을 변호한 적이 없었다.[5]

오웬은 오직 믿음으로 말미암는 칭의와 관련된 전가가 "의와 생명과 구원을 획득하려는 다른 모든 방법과 수단에 대한 신실한 단념"을 포함한다고 선언한다.[6] 피터 툰 역시 "오직 믿음은 자기 의의 부재, 또는 적어도 전능하신 하나님 앞에서 자기 의(self-righteousness)가 아무런 소용이 없음을 인식하는 것"이라고 말한다. 사도 베드로는 "다른 이로써는 구원을 받을 수 없나니 천하 사람 중에 구원을 받을 만한 다른 이름을 우리에게 주신 일이 없음이라"(행 4:12)라고 선언한다. 여기에는 믿음이 관계한다. 사도 바울은 "주 예수를 믿으라. 그리하면 너와 네 집이 구원을 받으리라"(행 16:31)라고 선포한다. 만일 그렇다면 우리는 오직 믿음으로 말미암는 칭의와 관련된 그리스도의 능동적 순종의 전가 교리를 회복하고 다시금 천명해야만 한다. 왜냐하면 "복음에는 하나님의 의가 나타나서 믿음으로 믿음에 이르게 하나니, 기록된 바 오직 의인은 믿음으로 말미

---

5) Toon, *God's Statesman*, 95-96
6) Owen, 5:100.

암아 살리라 함과 같으니라"(롬 1:17)라고 했기 때문이다. 그러므로 이제 우리는 청교도들이 참으로 능력 있게 변증했던 교리, 곧 모든 세대를 뛰어넘어 구원의 유일하고도 참된 기초가 되는 그리스도의 능동적 순종의 전가 교리를 다시금 새롭게 변증하고 수호해야 한다. 그것이 바로 이 시대의 요청이다.

이 책을 마치면서 미국 웨스트민스터 신학교의 학장직을 역임한 위대한 신약학자 존 그레샴 메이첸(John Gresham Machen)이 임종 때 동료 신학자인 존 머레이에게 했던 말을 소개하고자 한다. 메이첸은 머레이에게 "나는 그리스도의 능동적 순종에 너무나 감사합니다. 그것이 없었다면 내게는 아무런 희망이 없었을 것입니다"라고 말했다.[7] 메이첸은 하나님의 뜻에 대한 그리스도의 완전하고도 능동적인 순종으로 말미암아 자신이 죄와 그에 따른 형벌을 사면받았을 뿐만 아니라, 자신이 완전히 순종적이고 의로운 자로 하나님 앞에서 용인되고 영원한 생명을 상속받게 되었다는 것을 강하게 확신한 것이다. 17세기의 청교도 오바댜 그류도 우리에게 메이첸과 같은 감정을 전한다. "만일 칭의가 우리의 행위에 따라 좌우되는 것이었다면, 우리는 절망에 빠져 '화로다 나여 망하게 되었도다. 우리는 살 소망이 없도다'라고 외친 비참한 유대인들처럼 탄식해야 했을 것이다."[8]

『하나님의 전신갑주』(The Christian in Complete Armour)라는 저작으로 유명한 청교도 윌리엄 거널(William Gurnall, 1628-1699)은 에베소서에 기록된 바 우리에게 전가되고 우리 안에 분배된 의와 거룩으로서의 '의의 흉배'에 대해 상세하게 설명했다.[9] 이 의의 흉배는 예수 그리스도의 완전한 의이다. 그렇다면 이 의

---

7) N. B. Stonehouse, *J. Gresham Machen: A Biographical Memoir* (Willow Grove: Orthodox Presbyterian Church, 2004), 451.
8) Grew, *The Lord Our Righteousness*, 43.
9) William Gurnall, *The Christian In Complete Armour* (Glasgow: Blackie and Son, 1864; reprint, Edinburgh:

는 우리에게 무엇을 생산하는가? 윌리엄 거널은 에베소서 6장 10절을 주해하면서, 그리스도의 의를 전가 받은 그리스도인은 용기를 발휘하여 결단해야 한다고 힘주어 말한다. 참된 의인에게는 믿음의 용기와 결단이 요구된다. 그리고 그 용기와 결단에는 마음속에 있는 죄를 몰아내고, 이 세상의 부패한 관습을 본 받지 않으며, 배교와 부정이 가득한 삶의 여정에서 천성을 향하는 하나님의 길로 행하고, 흑암 중에서도 도우시는 하나님을 신뢰하고 의지하는 일 등이 포함된다.[10] 거널은 그리스도인들에게 이러한 거룩한 결심과 용맹을 발휘하라고 권면하면서, 이것이 그리스도인의 신앙고백에 없어서는 안 될 필수적 요소라고 말한다. 이것이 없이는 우리가 고백적인 존재가 될 수 없다는 것이다.[11] 우리가 의롭다고 인정받은 존재임을 증명하는 길이 바로 결단과 용맹이다. 그렇다면 이제 그리스도인의 완전한 전신갑주로서 그리스도의 완전한 의의 흉배로 무장하는 것은 이 시대를 사는 우리의 의무이다. 그것은 신자의 강한 결심과 용맹을 발휘하는 것과 결코 분리될 수 없다.

바울은 그리스도의 완전한 의의 전가를 확신했다. 그러나 그것을 남용하여 방종주의와 율법폐기론주의로 살지 않았다. 도리어 바울은 자신의 삶을 은혜의 삶이라 말하는 동시에, 다른 모든 사도들보다 더 많이 일했다고 고백한다.

"그러나 내가 나 된 것은 하나님의 은혜로 된 것이니 내게 주신 그의 은혜가 헛되지 아니하여 내가 모든 사도보다 더 많이 수고하였으나 내가 한 것이 아니요 오직 나와 함께하신 하나님의 은혜로라"(고전 15:10).

바울은 모든 눈물과 시험을 참고 온 힘을 다해 주님을 섬기면서, 관제와 같이 제물로 드려진 삶을 살았다(행 20:19; 딤후 4:6 참고). 한국 교회와 성도들이 그

The Banner of Truth Trust, 1964), 406-411.
10) William Gurnall, *The Christian In Complete Armour*, 12-15.
11) William Gurnall, 16.

리스도의 완전한 순종의 의를 힘입어 그리스도를 본받아, 경건의 모양뿐만 아니라 그 능력까지 회복하고 갱신되기를 소원한다. 사도 바울의 권면으로 이 책을 끝맺고자 한다.

"너희 안에 이 마음을 품으라 곧 그리스도 예수의 마음이니, 그는 근본 하나님의 본체시나 하나님과 동등 됨을 취할 것으로 여기지 아니하시고, 오히려 자기를 비워 종의 형체를 가지사 사람들과 같이 되셨고, 사람의 모양으로 나타나사 자기를 낮추시고 죽기까지 복종하셨으니 곧 십자가에 죽으심이라. 이러므로 하나님이 그를 지극히 높여 모든 이름 위에 뛰어난 이름을 주사, 하늘에 있는 자들과 땅에 있는 자들과 땅 아래에 있는 자들로 모든 무릎을 예수의 이름에 꿇게 하시고, 모든 입으로 예수 그리스도를 주라 시인하여 하나님 아버지께 영광을 돌리게 하셨느니라. 그러므로 나의 사랑하는 자들아 너희가 나 있을 때뿐 아니라 더욱 지금 나 없을 때에도 항상 복종하여 두렵고 떨림으로 너희 구원을 이루라"(빌 2:5-12).

지은이 꼬리말

이 책은 필자가 미국 웨스트민스터 신학교에서 신학 석사 학위(Th.M., 2006) 논문으로 제출한 것을 수정하고 보완한 것입니다. 필자는 언제나 신학교 강단에서, 신학은 탁상공론이 되어서는 안 되며 항상 죄인의 영혼을 살리는 데 공헌해야 한다고 가르쳤습니다. 이 책의 주제 역시 어떻게 하면 성도들의 신앙이 성장하는 데 도움이 되는 논문을 쓸 수 있을까 고민한 끝에 나온 결과물입니다.

그리스도의 능동적 순종의 전가 교리는 16세기 종교개혁의 도화선이 되었으며, 그 이후 오늘날에 이르기까지 논쟁의 중심에 서 있는 주제입니다. 종교개혁의 선구자들과 종교개혁자들, 그리고 17세기 청교도들과 이후 후기 개혁주의 신학자들은 이 교리를 굳게 믿고 사랑했으며, 그들의 신학과 신앙을 통해 이것을 수호했습니다.

그리스도의 능동적 순종이 우리의 것이 되어 우리가 의롭게 되었습니다. 그러므로 우리가 구원을 받는 것은 우리의 공로나 행위 때문이 아니라, 우리에게 전가된 그리스도의 완전한 순종의 의 때문입니다. 아브라함이 이것을 믿었고, 사도 바울이 이것을 가르쳤으며, 종교개혁자들과 청교도들이 이것을 지켜 왔습니다.

이처럼 칭의 교리는 교회가 서느냐 넘어지느냐를 결정하는 중대한 교리일 뿐만 아니라, 그리스도인 개인이 영원한 멸망에 빠지느냐 영원한 생명을 얻느냐를 결정하는 교리입니다. 그러나 오늘날 다양한 방법으로 종교개혁의 칭의 교리가 다시금 도전받고 있습니다. 만일 우리가 이것을 올바로 지켜 내지 못한다면, 그 결과는 참혹할 것입니다. 그러므로 하나님께서 우리에게 맡겨 주신 아름다운 것을 지키는 것은 시대적 사명입니다(딤후 1:13,14 참고). 이것은 바울과 디모데가 그러했듯이, 오늘날 우리가 거짓 선지자들과 치러야 할 영적 전투입니다.

이 책을 마치면서, 특별히 이렇게 중대한 이 책의 주제에 관심을 불러일으키고 지도해 주신 두 분께 감사를 전하고자 합니다. 전 런던 신학교 학장이신 필립 입슨은 언제나 확고하고도 단호한 칭의 교리의 변증자로서, 필자로 하여금 이 책을 체계적으로 구상하도록 도와주었습니다. 또한 미국 웨스트민스터 신학대학원의 조직신학 교수를 역임하고 컬럼비아 제1장로교회에서 목회했던 싱클레어 퍼거슨은 학자의 관점에서 너무나 친절하고도 세심하게 본 논문을 지도해 주었습니다. 두 분의 관심과 지도가 없었다면, 이 책은 세상의 빛을 보지 못했을 것입니다. 대서양을 사이에 두고 영국과 미국에서 종교개혁의 신학에 입각하여 지금도 후학들을 가르치고 성도들에게 참된 복음을 전하는 두 분을 하나님께서 항상 지켜 주시기를, 그들의 사역을 통해 많은 그리스도인들이 큰 영적 유익을 얻게 하시기를 간절히 기도합니다.

참고 문헌

:: 1차 자료

Ames, William. *The Marrow of Theology*. trans., John D. Eusden. Boston: Pilgrim Press, 1968.

Beza, Theodore. *Tractationes Theologiae*. Geneva, 1570-1582.

Baxter, Richard. *Aphorisms of Justification*. Hague, 1655.

_____. *Reliquiae Baxterianae*. London, 1696.

_____. *Treaties of Justifying Faith*. London, 1676.

_____. *Baxter's practical Works*. 4 Vols. Ligonier: Soli Deo Gloria, 1990.

Bonar, Horatius. *The Everlasting Righteousness*. Edinburgh: The Banner of Truth Trust, 1993.

Bridge, William. *The Works of William Bridge*. 5 Vol. Ligonior: Soli Deo Gloria, 1981.

Brine, John. *Christ's Active Obedience Imputed to His People*. West Yorks: Christian Book Shop.

Brook, Benjamin. *The Lives of the Puritans*. 3 Vols. Ligonier: Soli Deo Gloria, 1994.

Brooks, Thomas. *The Works of Thomas Brooks*. 3 Vols. Edinburgh: The Banner of Truth Trust, 1980.

Bunyan, John. *The Works of John Bunyan*. 3 Vols. Edinburgh: The Banner of Truth Trust, 1991.

Buchanan, James. *The Doctrine of Justification.* Edinburgh: The Banner of Truth Trust, 1961.

Calvin, John. *Institutes of Christian Religion.* 2 Vols. ed., John T. McNeill: trans., Ford Lewis Battles. Philadelphia: Westminster John Knox Press, 1960.

Clarkson, David. *The Works of Clarkson.* 3 Vols. Edinburgh: The Banner of Truth Trust, 1988.

Cranmer, Thomas. *Miscellaneous Writings and Letters of Thomas Cranmer.* ed., John Edmund Cox. Vancouver: Regent College Publishing, 1846.

Crisp, Tobias. *Christ Alone Exalted.* London, 1690.

Edwards, Jonathan. *The Works of Jonathan Edwards.* 1834. rev. Edward Hickman. 2 Vols. Edinburgh: The Banner of Truth Trust, 1974.

Fuller, A. G. *The Complete Works of Andrew Fuller.* 3 Vols. Virginia: Sprinkle Publication, 1988.

Goodwin, Thomas. *Justifying Faith.* vol. 8. Edinburgh: The Banner of Truth, 1985.

Latimer, Hugh. *Sermons of Hugh Latimer.* The Parker Society: Cambridge University Press, 1844.

Luther, Martin. *Luther's Works.* 55 Vols. St. Louis: Concordia Publishing House, 1958.

Owen, John. *The Works of John Owen.* 16 Vols. 1850. ed., William H. Goold. reprint., Edinburgh: The Banner of Truth Trust, 1965.

Pemble, William. *The Justification of A Sinner.* London, 1635.

Perkins, William. *The Works of William Perkins.* London: John Legatt, 1626.

Robinson, Ralph. *Christ All And In All.* Ligonier: Soli Deo Gloria, 1992.

Sibbes, Richard. *Works of Richard Sibbes*. 7 Vols. Edinburgh: The Banner of Truth Trust, 1982.

Spurgeon, Charles H. *The Autobiography of C. H. Spurgeon*. 2 Vols. Edinburgh: The Banner of Truth Trust, 1976.

_____. *The New Park Street Pulpit*. 6 Vols. Grand Rapids: Baker Book House, 1994.

Swinnock, George. *The Works of George Swinnock*. 5 Vols. Edinburgh: The Banner of Truth Trust, 1992.

Trail, Robert. *Justification Vindicated*. Edinburgh: The Banner of Truth Trust, 2002.

Turretin, Francis. *Institutes of Elenctic Theology*. ed., James T. Dennison: trans., George M. Giger. Phillipsburg: P&R, 1992.

Watson, Thomas. *A Body of Divinity*. Edinburgh: The Banner of Truth Trust, 1992.

Whitefield, George. *Select Sermons of George Whitefield*. Edingurgh: The Banner of Truth Trust, 1958.

∷ 2차 자료

Althaus, P. *The Theology of Martin Luther*. Philadelphia: Fortress Press, 1966.

Amstrong, J. *Roman Catholicism*. Chicago: Moody Press, 1994.

Barker, William. *Puritan Profiles*. Ross-shire: Mentor, 1999.

Bavinck, Herman. *Our Reasonable Faith: A Survey of Christian Doctrine*. trans., Henry Zylstra. Grand Rapids: Baker Book House, 1956.

Bayer, O. *Living By Faith: Justification and Sanctification(Lutheran Quarterly Books).* Grand Rapids: Eerdmans, 2003.

Berkhof, Louis. *Systematic Theology.* Edinburgh: The Banner of Truth Trust, 1959.

_____. *The History of Christian Doctrine.* Edinburgh: The Banner of Truth Trust, 1969.

Berkouwer, G. C. *Faith and Justification.* Grand Rapids: Eerdmans, 1954.

Boice, J. M. and Ryken, P. G. *The Doctrine of Grace.* Wheaton: Crossway Books, 2002.

Boice, J. M. *Whatever Happened to the Gospel of Grace.* Wheaton: Crossway Books, 2001.

Boersma, Hans. *A Hot Pepper Corn: Richard Baxter's Doctrine of Justification in its Seventeenth–Century Context of Controversy.* Uitgeverij Boekencentrum: Zoetermeer, 1993.

Braaten, C. E. and Jenson, R. W. *Union With Christ: The New Finnish Interpretation of Luther.* Grand Rapids: Eerdmans, 1998.

Brill, E. *The Encyclopedia of Christianity.* Vol I. Grand Rapids: Eerdmans and Brill, 1999.

Burgess, J. A. and Kolden, M. *By Faith Alone Essays on Justification in Honor of Gerhard O. Forde.* Grand Rapids: Eerdmans, 2004.

Campbell, K. M. *The Antinomian Controversy of the 17th Century, Living the Christian Life.* Westminster Conference, 1974.

Carson, D. A. ed. *Right With God: Justification In the Bible and the World.* Grand Rapids: Baker Book House, 1992.

Clifford, A. C. *Atonement and Justification: English Evangelical Theology*

1640-1790: An Evaluation. Oxford: Clarendon Press, 1990.

Collinson, P. *The Reformation.* New York: A Modern Library Chronicles Book, 2004.

Cooper, T. *Fear and Polemic in Seventeenth-Century England: Richard Baxter and Antinomianism.* Burlington: Ashgate, 2001.

Crampton, W. G. *What the Puritans Taught.* Ligonier: Soli Deo Gloria, 2003.

Cunningham, William. *Historical Theology.* 2 Vols. Edinburgh: T&T Clark, 1862.

_____. *Reformers and Theology of Reformation.* Edinburgh: The Banner of Truth Trust, 1979.

Dabney, R. L. *Systematic Theology.* Edinburgh: The Banner of Truth Trust, 1985.

Dever, M. E. *Richard Sibbes: Puritanism and Calvinism in Late Elizabethan and Early Stuart England.* Georgia: Mercer University Press, 2000.

Di, Gigandi M. *A Golden Treasury of Puritan Devotion.* Phillipsburg: P&R, 1999.

Dillenberger, J. *Martin Luther: Selections from His Writings.* New York: Anchor, 1961.

Duncan, Ligon. *The Westminster Confession Into 21st Century.* Vol. I. Ross-Shire: Mentor, 2003.

_____. *The Westminster Confession Into 21st Century.* Vol. II. Ross-Shire: Mentor, 2004

Edwards, Jonathan. *Justification by Faith Alone.* Ligonier: Soli Deo Gloria, 2000.

Erickson, Millard J. *Christian Theology.* Grand Rapids: Baker Books, 1998.

_____. *The New Life*. Grand Rapids: Baker Book House, 1979.

Eveson, Philip H. *The Great Exchange: Justification by Faith Alone*. Surrey: Day One Publications, 1996.

_____. *Seeing the Lord: "The Case for Forensic Justification in John Owen"*. Westminster Conference, 2000.

Ferguson, Sinclair B. *John Owen on the Christian Life*. Edinburgh and Carlisle: The Banner of Truth Trust, 1987.

Geisler, N. L. and Mackenzie, R. E. *Roman Catholicism and Evangelicals Agreements and Differences*. Grand Rapids: Baker Book House, 1995.

Grudem, Wayne. *Systematic Theology*. Leicester: IVP, 1994.

Hagglund, B. *History of Theology*. trans., Gene, J. Lund. St. Louis: Concordia Publishing House, 1968.

Hall, D. David. ed. *The Antinomian Controversy 1636-1638 A Document History*. Durham and London: Duke University Press, 1990.

Harrison, F. M. *John Bunyan*. Edinburgh: The Banner of Truth Trust, 1995.

Helm, Paul. *Calvin & The Calvinist*. Edinburgh: The Banner of Truth Trust, 1982.

Henry, M. *Great Themes of the Bible*. Grand Rapids: Kregel, 1993.

Hill, C. E. and James Ⅲ, F. A. *The Glory of the Covenant*. Downers Grove: IVP, 2004.

Hillerbrand, Hans J. *The Protestant Reformation: Documentary History of Western Civilization*. New York: Harper&Row, 1968.

Hodge, A. A. *The Confession of Faith*. Edinburgh: The Banner of Truth Trust, 1958.

Hodge, Charles. *Systematic Theology*. 3 Vols. Grand Rapids: Eerdmans, 1993.

Hoekema, A. A. *Saved by Grace*. Grand Rapids: Eerdmans, 1989.

Holland, Thomas. *Contours of Pauline Theology*. Ross-Shire: Mentor, 2004.

Hornor, Barry E. *Pilgrim's Progress: Themes and Issues*. Darlington: Evnagelical Press, 2003.

Horton, M. *Putting Amazing Back Into Grace*. Grand Rapids: Baker Book House, 2003.

Hulse, Erroll. *Who are the Puritans and What do they teach?* Darlington: Evangelical Press, 2000.

Husbands, M. and Treier, D. J. eds. *Justification: What's at Stake in the Current Debates*. Downers Grove: IVP, 2004.

Karlberg, M. W. *The Changing of the Guard*. Tennessee: The Trinity Foundation, 2001.

Kendal, R. T. "First English Calvinist?" *The Puritan Experiment in the New World*. Westminster Conference, 1976.

_____. *Calvin and English Calvinism to 1649*. Oxford: Oxford University Press, 1979.

Kistler, D. *Why Read the Puritans Today?*. Ligonier: Soli Deo Gloria, 1999.

Kolb, R. and Wengert, T. J. eds., *The Book of Concord: The Confession of the Evangelical Lutheran Church*. Minneapolis: Fortress Press, 2000.

Lane, A. N. S. *Justification by Faith in Catholic-Protestant Dialogue: An Evangelical Assessment*. Edinburgh: T&T Clark, 2002.

Latimer, H. *Sermons and Remains of Hugh Latimer, Sometimes Bisihop of Worcester, Martyr, 1555*. The Parker Society: Cambridge University Press, 1845.

Leith, J. H. *John Calvin's Doctrine of The Christian Life*. Westminster: John

Knox Press, 1989.

Lillback, P. A. *The Binding of God.* Grand Rapids: Baker Academic, 2001.

Livingston, V. *An Inquiry Into the Merits of the Reformed Doctrine of Imputation as Contrasted with Those of Catholic Imputation.* New York, Casserly & sons, 1843.

Lloyd-Jones, D. M. *Great Doctrines of the Bible: God the Holy Spirit.* Vol. I. Wheaton: Crossway Books, 1997.

Logan, Samuel T. "Antinomian Controversy". *Dictionary of Christianity in America.* Downers Grove: IVP, 1990.

Machen, J. Greshame. *God Transcendent.* Edinburgh: The Banner of Truth Trust, 1982.

Matthews, A. G. ed. *The Savoy Declaration of Faith and Order 1658.* London: Independent Press, 1959.

McLachlan, H. J. *Socinianismin Seventeenth-Century England.* Oxford: Oxford University Press, 1951.

McGrath, Alister. *Iustitia Dei: A History of the Christian Doctrine of Justification.* Cambridge: Cambridge University Press, 1998.

Murray, John. *Collected Writings of John Murray.* 4 Vols. Edinburgh: The Banner of Truth Trust, 1977.

_____. *Redemption Accomplished and Applied.* Edinburgh: The Banner of Truth Trust, 1961.

_____. *The Imputation of Adam's Sin.* Grand Rapids: Eerdmans, 1959.

Nicholas, S. T. J. *Gresham Machen: A Guide Tour of His Life and Thought.* Phillipsburg: P&R, 2004.

Nuttall, G. *Richard Baxter.* London: Nelson, 1965.

Oden, T. C. *The Justification Reader*. Grand Rapids: Eerdmans, 2002.

Oliver, Robert W. ed. *John Owen: The Man and His Theology*. Phillipsburg: P&R, 2002.

Packer, James I. *A Quest For Godliness: The Puritan Vision of the Christian Life*. Wheaton: Crossway Books, 1990.

Pelikan, J. *The Christian Traditions*. 5 Vols. Chicago: The University of Chicago Press, 1991.

Peterson, R. A. *Calvin and the Atonement: What the Renowned Pastor and Teacher Said about the Cross of Christ*. Ross-shire: Mentor, 1999.

Piper, John. *Counted Righteous in Christ: Should We Abandon The Imputation of Christ's Righteousness*. Wheaton: Crossway Books, 2002.

Plass, E. M. *What Luther Says*. St. Louis: Concordia Publishing House, 1959.

Reid, J. K. S. ed. *Calvin: Theological Treaties*. Westminster: The Westminster Press, 1953.

Raymond, R. L. *The Reformation's Conflict with Rome: Why it Must Continue*. Ross-Shire: Mentor, 2001.

_____. *A New Systematic Theology of the Christian Faith*. Nashville: Thomas Nelson Publishers, 1998.

Ridderbos, H. *Paul: An Outline of His Theology*. Grand Rapids: Eerdmans, 1975.

Robertson, O. Palmer. *The Current Justification Controversy*. Tennessee: The Trinity Foundation, 2003.

Ryken, L. *Worldly Saints: The Puritans as They Really Were*. Grand Rapids: Zondervan, 1986.

Sanders, E. P. *Paul and Palestinian Judaism: A Comparison of Patterns of*

Religion. Minneapolis: Fortress Press, 1997.

Seifrid, Mark. *Christ, Our Righteousness: Paul's Theology of Justification*. Leicester: IVP, 2001.

_____. *Justification by Faith: The Origin and Development of a Central Pauline Theme*. Leiden: Brill, 1992.

Shedd, W. G. T. *A History of Christian Doctrine*. 2 Vols. Wipf and Stock Publishers, 1999.

Shepherd, Norman. *The Call of Grace*. Phillipsburg: P&R, 2000.

Smeaton, George. *The Apostles' Doctrine of the Atonement*. Edinburgh: The Banner of Truth Trust, 1991.

Sproul, R. C. *Grace Unknown: The Heart of Reformed Theology*. Grand Rapids: Baker Book House, 1997.

_____. *Faith Alone: Evangelical Doctrine of Justification*. Grand Rapids: Baker Book House, 1995.

Steinmetz, D. C. *Reformers in the Wings: From Geiler Von Kaysdersberg to Theodore Beza*. Oxford: Oxford University Press, 2001.

Stover, William. K. B. *'A Faire and Easie Way to Heaven': Covenant Theology and Antinomianism in Early Massachusetts*. Middletown: Wesleyan University Press, 1978.

Stonehouse, N. B. *J. Gresham Machen: A Biographical Memoir*. Willow Grove: Orthodox Presbyterian Church, 2004.

Stuhlmacher, P. *Revisiting Paul's Doctrine of Justification*. Downers Grove: IVP, 2001.

Thompson, A. *Prince of the Puritans: John Owen*. Ross-Shire: Mentor, 1996.

Toon, Peter. *God's Statesman: The Life and Work of John Owen*. Grand Rapids: Zondervan, 1973.

_____. *The Emergence of Hyper-Calvinism in English Nonconformity*. London: The Olive Tree, 1967.

_____. *Justification and Sanctification*. Marshall: Morgan & Scott, 1984.

Trueman, Carl R. *The Claims of Truth: John Owen's Trinitarian Theology*. Carlisle: Paternoster Press, 1998.

Vermigli, Peter M. *Predestinaton and Justification: Two Theological Loci*. Kirksville: Truman State University Press, 2003.

Warfield, Benjamin B. *Studies in Theology*. Grands Rapids; Baker Book House, 1991.

Waters, Guy P. *Justification And The New Perspective On Paul: A Review And Response*. Phillipsburg: P&R, 2004.

Watson, Thomas. *Body of Divinity*. Edinburgh: The Banner of Truth Trust, 1970.

Webb, A. Robert. *Christian Salvation: Its Doctrine and Experience*. Richmond: Presbyterian committee of publication, 1921.

Westholm, S. *Understanding Paul*. Grand Rapids: Baker Academic, 2004.

_____. *Perspectives Old and New on Paul*. Grand Rapids: Eerdmans, 2004.

White, J. R. *The God Who Justifies*. Minneapolis: Bethany House, 2001.

Wright, N. T. *The Climax of the Covenant Christ and the Law in Pauline Theology*. Philadelphia: Fortress Press, 1991.

:: 정기간행물

Gomes, Alan W. '*De Jesu Christo Servatore: Faustus Socinus on the Sarisfaction of Christ.*' The Westminster Theological Journal 55, 1993.

Reid, W. S. *Justification By Faith According to John Calvin.* The Westminster Theological Journal Vol. 42, No. 2, 1980.

Seifrid, M. A. *The New Perspective on Paul and Its problems.* Themelios 25, 2000.

Gundry, R. A. *Books and Culture.* January and February. No. 1, 2001.

:: 논문

Kang, Kevin Woongsan. *Justified by Faith in Christ: Jonathan Edwards' Doctrine of Justification in Light of Union With Christ.* Ph. D. diss., Westminster Theological Seminary, 2003.

Won, Jong Chun. *Communion With Christ: An Exposition and Comparison of the Doctrine of Union and Communion with Christ in Calvin and the Early English Puritans.* Ph. D. diss., Westminster Theological Seminary, 1989.

Beck, S. P. *The Doctrine of Gratia Preparans In the Soteriology of Richard Sibbes.* Ph. D. diss., Westminster Theological Seminary, 1994.

인명 색인

ㄱ
거널, 윌리엄 Gurnall, William • 233, 234
건드리, 로버트 H. Gundry, Robert H. • 28, 29, 35, 191
굿윈, 존 Goodwin, John • 145, 157
굿윈, 토마스 Goodwin, Thomas • 82, 109-112, 192
그로티우스, 휴고 Grotius, Hugo • 163, 164
그류, 오바댜 Grew, Obadiah • 82, 112-114, 141, 151, 173, 175, 193, 200, 206, 215, 220, 224, 233

ㄴ
너틀, 제프리 Nuttal, Geoffery • 162

ㄷ
던, J. D. G. Dunn, J. D. G. • 26, 27, 28

ㄹ
라우드, 윌리엄 Laud, William • 145, 146, 232
라이트, 니콜라스 토마스 Wright, N. T. • 21, 26, 27, 28, 35
라티머, 휴 Latimer, Hugh • 23, 75-79
랑카스터, 로버트 Lancaster, Robert • 158
레이몬드 Raymond • 215

로빈슨, 랄프 Robinson, Ralph • 82, 115-116, 220

로이드-존스, 마틴 Lloyd-Jones, Martyn • 23, 129, 130, 131, 132

루터, 마틴 Luther, Martin • 22, 24, 48, 59-65, 77, 98, 179, 214

루터포드, 사무엘 Rutherford, Samuel • 160

리스, 존 H. Leith, John H. • 218

ㅁ

머레이, 앤드류 Murray, Andrew • 15

머레이, 존 Murray, John • 51, 52, 127, 128, 129, 233

메이첸, 존 그레샴 Machen, John Gresham • 233

밀러, 페리 Miller, Perry • 147

ㅂ

발로, 토마스 Barlow, Thomas • 83

백스터, 리처드 Baxter, Richard • 25, 29, 50, 115, 157, 158, 160, 161, 162, 163, 164, 165, 231, 232

버미글리, 피터 M. Vermigli, Peter M. • 77

번연, 존 Bunyan, John • 50, 82, 104-109, 164, 168, 174, 175, 201, 208, 216

벌카우어, G. C. Berkouwer, G. C. • 69

벌코프, 루이스 Berkhof, Louis • 152

베자, 테오도르 Beza, Theodore • 23, 24, 25, 72-74

벨라민 Bellamine • 139, 140, 143

보스마, 한스 Boersma, Hans • 69, 70, 73

보스톤, 토마스 Boston, Thomas • 197

뷰캐넌, 제임스 Buchanan, James • 25, 51, 123, 124, 229

브래드포드, 존 Bradford, John • 188

브룩스, 토마스 Brooks, Thomas • 82, 101-104, 174, 175, 187, 199, 207, 223

브린, 존 Brine, John • 35, 36

브릿지, 윌리엄 Bridge, William • 40

비들, 존 Biddle, John • 152, 153, 232

ㅅ

샌더스, E. P. Sanders, E. P. • 26, 27, 28

소시누스 Socinus • 154, 165

솔트마쉬, 존 Saltmarsh, John • 158, 159, 160

쉐드, 윌리엄 G. T. Shedd, William G. T. • 39, 126, 127

쉐퍼, 프란시스 A. Schaffer, Francis A. • 132, 133

슈타인메츠, 데이비드 Steinmetz, David • 73

스토다드, 솔로몬 Stoddard, Solomon • 56

스펄전, 찰스 H. Spurgeon, Charles H. • 124, 125

실베스터, 에드워드 Sylvester, Edward • 83

십스, 리처드 Sibbes, Richard • 82, 98-101, 104, 109, 200, 221, 224

ㅇ

아미라우트, 모이스 Amyraut, Moise • 163

아퀴나스, 토마스 Aquinas, Thomas • 142

알미니우스 Arminius • 146

알트하우스, 폴 Althaus, Paul • 62

어거스틴 Augustine • 36, 142

어셔 Usher • 193

에드워즈, 조나단 Edwards, Jonathan • 51, 56, 88, 121, 122, 123

에임스, 윌리엄 Ames, William • 23, 142, 206-207, 216, 219

오시안더 Osiander • 214

오웬, 존 Owen, John • 23, 24, 25, 43, 45, 49, 50, 51, 82, 83-89, 92, 93, 94, 95, 104, 137, 140, 141, 142, 146, 147, 148, 153, 157, 158, 160, 161, 164, 165, 166, 168, 173, 175, 181, 185, 186, 187, 199, 206, 209, 220, 221, 222, 229, 231, 232

올리버, 로버트 W. Oliver, Robert W. • 83

왓슨, 토마스 Watson, Thomas • 51, 82, 96-98, 205, 216, 220

워터스, 가이 Waters, Guy • 27

워필드, 벤자민 B. Warfield, Benjamin B. • 53

웨슬리, 존 Wesley, John • 24, 25, 26, 165

웹, 로버트 Webb, Robert • 51

이튼, 존 Eaton, John • 158

입슨, 필립 Eveson, Philip • 231, 237

ㅈ

쥐라두, 존 L. Girardeau, John L. • 51

ㅊ

차녹, 스테판 Charnock, Stephen • 96

ㅋ

카메룬, 존 Cameron, John • 163

카슨, 도널드 A. Carson, D. A. • 23, 35

칼라미, 에드먼드 Calamy, Edmund • 84

칼빈, 존 Calvin, John • 22, 23, 24, 25, 48, 49, 62, 66-72, 73, 74, 77, 89, 109, 182, 193, 202, 205, 214, 218, 219, 227

캠벨 Campbell • 159

커닝햄, 윌리엄 Cunningham, William • 73, 74

켄달, R. T. Kendall, R. T. • 23, 24, 25, 26

크랜머, 토마스 Cranmer, Thomas • 23, 75-79, 176

크램튼, 개리 Crampton, Gary • 191

크리습, 토비아스 Crisp, Tobias • 50, 115, 158, 159

클락슨, 데이비드 Clarkson, David • 82, 93-96, 104, 142, 143, 148, 153, 181, 192, 198, 223

클리포드, 알란 Clifford, Alan • 24, 25, 26, 66, 73, 89

키슬러, 돈 Kistler, Don • 56

ㅌ

테일러, 존 Taylor, John • 126

툰, 피터 Toon, Peter • 147, 214, 215, 231, 232

툴리, 토마스 Tulley, Thomas • 164

튜레틴, 프란시스 Turretin, Francis • 77, 78, 79, 181

트레일, 로버트 Trail, Robert • 50, 51, 82, 114-115, 143, 174

트루먼, 칼 Trueman, Carl • 147, 164

트위세, 윌리엄 Twisse, William • 42, 159, 160

틴데일, 윌리엄 Tyndale, William • 152, 168

틸로슨, 제임스 Tillotson, James • 25

ㅍ

파울러 Fowler • 105

파이퍼, 존 Piper, John • 21

패커, 제임스 I. Packer, James I. • 22, 47, 84

퍼거슨, 싱클레어 Ferguson, Sinclair • 237

퍼킨스, 윌리엄 Perkins, William • 23, 82, 89-93, 104, 109, 167, 180

펨블, 윌리엄 Pemble, William • 159

폴만 Polman • 69

플라시우스 Flacious • 73

피스카르토 Piscarto • 126

ㅎ

핫지, 찰스 Hodge, Charles • 37

허스밴드, 마크 Husband, Mark • 62

헐스, 에롤 Hulse, Erroll • 140

헬름, 폴 Helm, Paul • 24

홀랜드, 토마스 Holland, Thomas • 28

홀러, 윌리엄 Haller, William • 145

힐러브랜드, 한스 J. Hillerbrand, Hans J. • 55

개혁주의 전가 교리

자은이 | 신호섭
펴낸곳 | 지평서원
펴낸이 | 박명규
편 집 | 정 은, 김희정, 김일용
마케팅 | 송하일
펴낸날 | 2016년 2월 25일 초판
      2020년 5월 10일 초판2쇄

서울 강남구 선릉로107길 15 (역삼동) 061 44
☎ 538-9640,1 Fax. 538-9642
등 록 | 1978. 3. 22. 제 1-129

값 12,000원
ISBN 978-89-6497-059-1-93230

메일주소 jipyung@jpbook.kr
홈페이지 www.jpbook.kr
페이스북 www.facebook.com/jipyung
트위터 @_jipyung